高职院校科研育人的
内涵与路径研究

刘　彤　陶东波　颜克伦◎著

辽宁人民出版社

ⓒ 刘彤　陶东波　颜克伦　2022

图书在版编目(CIP)数据

高职院校科研育人的内涵与路径研究 / 刘彤, 陶东波, 颜克伦著.—沈阳 : 辽宁人民出版社, 2022.11

ISBN 978-7-205-10584-6

Ⅰ.①高… Ⅱ.①刘… ②陶… ③颜… Ⅲ.①高等职业教育－科学研究－人才培养－研究－中国 Ⅳ.①G718.5

中国版本图书馆 CIP 数据核字(2022)第 186698 号

出版发行：辽宁人民出版社
　　　　　地址：沈阳市和平区十一纬路25号　邮编：110003
　　　　　电话:024-23284321(邮　购)　024-23284324(发行部)
　　　　　传真:024-23284191(发行部)　024-23284304(办公室)
　　　　　http://www.lnpph.com.cn
印　　　刷：辽宁新华印务有限公司
幅面尺寸：170mm×240mm
印　　张：13.5
字　　数：210千字
出版时间：2022年11月第1版
印刷时间：2022年11月第1次印刷
责任编辑：张天恒　王晓筱
装帧设计：中知图印务
责任校对：刘再升
书　　号：ISBN 978-7-205-10584-6

定　　价：58.00元

前 言
/ PREFACE /

　　产学研结合是高职教育发展的必由之路,科研是推进产学研结合的关键要素。在实践中,虽然已经有人强调了高职院校科研的重要性,但并未进一步分析这种科研与其他传统本科大学的研究到底有什么区别,近年来,学界关于高职院校科研的论述,暴露了我国高职教育界对高职院校科研的理解还存在偏差。有一种流行的观点认为高职院校的科研应以教育科研(即教研)为主,排斥专业科技研发,是有失偏颇,不利于高职院校深入地开展产学研结合工作的。与传统本科大学相比,职业和技术教育的特殊性决定了高职院校科研的特有对象、形式和路径。

　　科研育人就是通过科研活动培育学生的科研创新能力,掌握科研方法、提高思想道德素质的过程。科研育人是高等教育改革创新发展的迫切要求,是高职院校教师提高教学水平和质量的有效方法,是培养学生创新能力和素质提升的重要途径,是改进思想政治工作的客观需要。科研育人要充分发挥高职院校的组织协调作用,充分发挥教师科研育人的主体作用,发挥学生主体的主观能动作用。实现科研育人,要把握科研育人的内涵、特征和功能,充分认识科研育人的重要作用,进一步拓宽科研育人渠道,充分发挥高职院校的组织协调作用、教师的指导作用和学生的主观能动作用,积极引导学生参与科研育人过程,建立健全科研育人的制度体系,构建科研育人的良好机制,营造科研育人的良好氛围。

大力度推进科研育人,充分发挥科研协同育人功能。科研育人的最终目标是培养科研能力,弘扬科研精神,塑造科研品德。科研育人是新时期高职院校思想政治教育工作的创新发展,是适应时代发展的高职院校育人模式,是高职院校创新人才培养模式的重要方式,是高质量人才培养的重要抓手,同时也是新形势下高校思想政治工作的一项基本原则。因而,分析高职院校科研育人的内涵与价值,探讨高职院校科研育人的实践路径和绩效考核,发挥高职院校的科研育人作用,整合各方育人资源,整合学校各项育人元素,打好协同育人攻坚战,对拓宽高校思想教育内容、创新高校思想教育载体、培养学生科技创新能力具有十分重要的意义。

目　录
/ CONTENTS /

第一章　高职院校科研育人概述

第一节　科研育人的内涵

近年来,随着我国科技创新意识的不断加强,高职院校科研工作的地位和作用日益突出,科研工作已成为高职院校的重点工作。与此同时,党和政府对大学生科技创新能力培养问题十分关心和重视,已将培养大学生科技创新能力纳入高等教育培养目标体系。笔者认为,发挥高职院校的科研育人作用,对拓宽高职院校思想教育内容,创新高职院校思想教育载体,培养大学生科技创新能力具有十分重要的意义。

一、科研育人的基本内涵

（一）科研

界定科学研究概念之前,首先需要对科学展开简要的梳理和阐释。从词源意义上讲,拉丁语词中的Scientia(Scire,学或知),即学问或知识的意思;英语单词"science"（科学）指的是natural science（自然科学）的简称;德语单词Wissenschaft(学术)不仅包含所谓的science(科学),哲学、历史学、语言学也囊括其中,是综合性的学问。现代科学的起源是在文艺复兴运动中,大约于15世纪,其肇始标志是科学活动在直观、思辨的基础上,进行经验的归纳、严密的推论和严谨的验证。科研是"科学研究"的简称,指人们揭示自然、社会和思维的现象、本质及其客观规律,以获得客观事物与过程的系统认识的社会活动,包括自然科学、人文科学、技术科学和社会科学领域中的基础性研究、应用性研究、开发性研究和运用的实验方法等,而科学的勃兴与发展则要追溯到17世纪关于科学研究的界定,学者们各抒己见。西班牙著名思想家加塞特认为,科学从严格意义上讲,单指调查研究:问题的提出、研究及解决的办法等;柯林杰行为研究基金会将科学研究定义为"关于自然现象推论关系假设的系统控制、经验和批判性的探究"。波兰作家什罗姆斯基认为科学研究是一种运用方法的探究,如经验的或理论的,控制的或批判的,以至能够获得具体和普遍方面的真实知识,并设计必要的改变或创新。国家科学基金委员会(NSF)将研究定义为"为获取更全面的科学知识或理解研究的问题,而展开系统的探究"。关于研究的分类,英国博物学家、教育家赫胥黎的著作《科学研究与社会需求》中,将科学研究划分为:基础研究、背景研究、特定研究和开发研究,英国物理学家贝尔纳认为科学研究包括纯科学和应用科学两个部分。目前,根据研究类型的不同,理论上一般将科学研究区分为基础研究、应用研究和试验发展研究三类。其中基础研究旨在获得完整的知识,或是理解研究的主题,并不考虑具体的应用;应用研究目的是探求能够确定实际需求手段的知识;开发研究(development)一般指运用已获得的知识研究材料、设备、系统以及方法(包括原型和程序的研发)的生产。

从以上表述中可以看出,科研即人们揭示自然和思维的现象、本质及其客观规律的社会活动,包括自然科学、社会科学和人文科学等领域中的基础性研究、应用性研究及研发性研究。

(二)高校科研

本研究所涉及的高校科研,是指高校全体师生员工在自然科学、技术科学、人文科学和社会科学领域中所展开的基础性研究、应用性研究和开发性研究。

(三)育人

"育"定义为教育、培养,广义的育人即人才培养,通过对受教育者进行德、智、体、美等多方面的教育,促进被育者的全面发展。狭义的育人,主要是针对德育方面的培育。

(四)科研育人

科研育人是指从教育学或高等教育学的视角出发,教师在科研过程中或通过科研活动来培育学生的思想品德和健全人格,与教学育人等方面相互配合,促进学生德智体美劳全面发展,旨在落实高校人才培养的目标。

(五)高职院校科研育人的内涵

教育部对"科学研究"的定义为:"科学研究是指为了增进知识包括关于人类文化和社会的知识以及利用这些知识去发明新的技术而进行的系统的创造性工作。"对于不同类型的学校,研究生、本科生、高职生等不同层次的学生,虽然所从事的研究任务不同,但科研作为立德树人的重要载体,其目标是相同的,不但要引导学生树立正确的政治方向、价值取向和学术导向,还要培养学生报效祖国的伟大理想、开拓进取的创新意识和科学严谨的工作作风。高职院校科研育人是指在学校的组织引导下,在教师的指导下,让学生参与一系列科研工作和科研实践活动,帮助学生树立科学精神,掌握科研方法,养成科学思维,培育创新品质,提高创新素养,激发创新活力的过程。高职学生参与科学研究,在提高学生科研素养和科研能力的同时,还能提高学生政治、思想与道德素质,培养德智体美劳全面发展的高素质技术技能创新型人才。

(六)科研育人的时代意义

1.科研育人体现了时代发展的迫切要求

当今世界,科技进步日新月异,科技成果不断涌现,科技创新已经成为时代发展的主旋律。中国要想在激烈的国际竞争中立于不败之地,必须大力加强科技创新工作。为了适应激烈的国际竞争需要,我国制定了《国家中长期科学和技术发展规划纲要》(2006—2020年)和《国家中长期教育改革和发展规划纲要》(2010—2020年),对高职院校培养高素质创新型人才提出了明确具体的要求,科研育人被摆到更加突出的位置。

2.科研育人坚持了高等教育的培养方向

高职院校是育人的摇篮。培养高素质的社会主义建设者和接班人是我国高等教育的目标原则,也是高等教育发展的根本指向。培养科技创新人才是新的时期贯彻高等教育的培养目标中应有之义,在科技创新成为时代发展重点背景下,坚持科研育人是我国高职教育工作的重点和努力方向①。

3.科研育人体现了思想教育的创新发展

高职院校思想教育工作要在体现时代性、把握规律性和富于创造性思想指导下,积极拓展教育内容,提高思想教育的针对性,努力创新教育方法,增强思想教育的实效性。思想教育工作必须紧紧围绕高职教育的培养目标,设计完善培养内容、培养方式和培养过程。坚持科研育人,实现思想教育的内容拓展,实现思想教育的责任增强,实现思想教育的方法创新。

二、科研育人的教育重点和努力方向

(一)激发大学生科技创新的兴趣爱好

兴趣引路——引导学生热爱科研。高职院校科研育人的核心工作是规范大学生的科技创新行为,其中首要工作是激发大学生科技创新的兴趣爱好。只有大学生以足够的兴趣爱好投身科技创新工作,才能培养出良好的科技创新意志品质和行为习惯。学校可以通过宣讲科技创新的时代意义和对大学生的现实要求进一步明确大学生的历史责任,可以引导学生在参与发明发现活动中寻找乐趣,可以采取各种奖励行为激励大学生参加科技创新活动,创造条件培养学生的科研兴趣。

传授方法——引导学生会做科研。许多学生不愿做科研,或是对科研不感兴趣的主要原因是没有掌握科研工作的基本方法,不会做,不敢做,不愿做,形成恶性循环。高职院校科技工作者要结合自身的科研体会向学生传授科研工作的基本方法。只有大力向学生传授科研方法,学生才能尽快入门,配合教师做些基础工作;才能坚定科研信心和勇气,把科研当作一种目标追求,进而独立开展科技创新活动。

知情一体——引导学生乐做科研。高职院校广大科技工作者在培养大学生科技创新意识、培养大学生科技创新兴趣爱好过程中,要注意培养大学生科技创新情感,将大学生学习科技创新知识与报效祖国的伟大

---

①曾学龙.民办高职院校思政课协同育人教学模式创新的实践[M].广州:广东高等教育出版社,2018:98-111.

情感结合起来,将开展科技创新活动与服务人民的伟大情感结合起来,将取得科技创新成果与贡献社会的伟大情感结合起来。引导大学生把科研当作一种乐趣,一种享受,一种自觉、自愿的行为。

(二)锻炼大学生奋发有为的意志品质

培养大学生崇尚科学的理想信念。理想是大学生的奋斗目标,信念是大学生实现奋斗目标所表现出的执着和追求。大力培养大学生崇尚科学的理想信念,就是培养大学生把爱科学、学科学和科技创新当作理想追求和行为导向,当作奋斗目标和行动方向。以极大的兴趣和爱好,全身心地投入到科研活动中来;以极大的精神和毅力,坚忍不拔地从事科技创新工作;以极大的信心和勇气,坚定自己的选择。

培养大学生勇攀高峰的意志品质。教育引导学生了解和掌握科技创新的前沿成果,了解和掌握科技创新的发展动态,规划大学生科技创新的发展方向;传授给大学生全新的理念和方法,新的技术和手段,增强大学生科技创新能力;激励大学生勇攀高峰的思想意识,激励学生立志高远,面向前沿,努力创造辉煌的科技成果。面向世界,面向未来,面向现代化,积极培育大学生的坚定意志。

培养大学生矢志不渝的行为习惯。要积极引导学生正确面对科技创新工作的长期性和复杂性,科研能力需要长时间的积累和磨炼,要经得起默默无闻的考验;要引导学生正确面对科技创新过程中的各种挫折和失败,科研成果需要在反复实验中才能获得,要坚信、坚持正确的研究方向。要排除各种消极因素的影响,正确面对压力和挑战,正确面对成功与挫折,正确面对科研中的困苦和考验,在"胜不骄,败不馁"中培养矢志不渝的行为习惯。

(三)培养大学生科学严谨的学术作风

培养学术创新意识。创新是对科研工作的基本要求,只有坚持不断创新,才能不断探索新领域、发现新问题、解决新矛盾;才能充分体现学术价值;才能取得更大的学术成就。要坚决避免简单应付,坚决避免学术拼凑,坚决避免无意义的低水平重复;要大力培养学术创新意识;要在科技创新中注意凝练科研方向,保证科学研究的目标明确;要掌握学科前沿知识和相关专家的研究成果,在知己知彼中实现创新。

树立团队合作精神。具有团队合作精神是现代科技工作者必备的素质和能力。在科技创新过程中,个人的力量是有限的,只有发挥团队作用,才能形成攻坚克难的合力,才能创造出更加辉煌的科研成果。积极培育大学生的团队合作精神,引导学生组建或参与科技创新团队,在团队中相互鼓励,在团队中相互借鉴,在团队中相互完善,增强科技创新的信心和勇气,形成科技创新的巨大动力,释放科技创新的巨大能量。

强调遵守学术道德。学术道德是社会主义道德思想、道德原则在科研工作领域的现实要求,是开展学术研究工作必须遵守的行为规范。教育引导大学生遵守学术道德,就是保证大学生在科研起步阶段养成良好的行为习惯。要诚实守信,不能弄虚作假;要自我努力,不能剽窃他人成果;要尊重广大科技工作者的劳动,不能任意诽谤和攻击;要培养良好的心态,不能嫉妒别人的成就。努力培养积极进取、扎实深入、尊重创新的学术道德。

三、科研育人的主要方法和基本渠道

(一)发挥主管部门的方向引导作用

各级教育教学主管部门要重视高职院校的科研育人工作,将之纳入高职院校管理目标考核体系,督促、检查、指导高职院校的科研育人工作。组织引导高职院校制定科研育人的目标、确立科研育人的原则、细化科研育人的内容、创新科研育人的方法。运用制定相关文件等方式,管理、规范高职院校科研育人工作;运用检查评比等方式,激励、推进高职院校科研育人工作;运用组织开展活动等方式,引导、创新高职院校科研育人工作;运用课题研究等方式,总结、交流高职院校科研育人工作,引领高职院校科研育人科学发展。

(二)发挥高职院校的组织协调作用

高职院校是科研育人的直接组织者,承担着科研育人的具体任务。只有充分发挥高职院校的组织协调作用,才能保证科研育人的有序发展。高职院校要构建完整的科研育人教育体系,强力组建一支科研育人的师资队伍;构建完整的科研育人考评体系,加大校内各部门科研育人考核力度;构建完整的科研育人服务体系,为科研育人提供物质保证。调动教师、思想政治工作者、管理人员等各方面的积极性,实现全员育人,对学生进行全方位、多角度的科研意识强化、科技创新方法指导、科研行为规范,实现全程育人。

(三)发挥高职院校教师的培训指导作用

完成高职院校科研育人工作,教师的培训指导作用十分重要。发挥教师的培训指导作用,是高职院校科研育人的基础,是高职院校科研育人的核心。教师可以通过课堂教学强化大学生科技创新意识,通过指导学生科研活动向学生传授科技创新方法,通过案例分析等形式规范大学生科技创新行为。在与学生沟通联系中,用言传身教培养大学生科技创新的意志品质。充分发挥教师的培训指导作用,可以实现科研育人与课堂教学相结合,与学生日常思想教育相结合,与组织开展学生实践活动相结合。

(四)发挥学生主体的主观能动作用

学生是科研育人的直接受益者。在高职院校科研育人活动中,吸引学生积极主动参与,发挥学生自我教育、自我管理、自我完善的主观能动作用,能够在科研育人的过程中收到事半功倍的效果。发挥学生党团组织的作用,利用党团活动等形式,组织带领学生积极参加科技创新活动;发挥学生科技活动小组作用,大力培养学生的科研兴趣,培养学生的团队合作精神,总结交流科技创新活动的方法;发挥学生科技创新人才的作用,鼓励具有科研天赋的学生在各种竞赛活动中脱颖而出,在学生中起到示范引带作用。

四、科研育人的目标

有无科学的研究方法,是人类能否正确认知世界、改造世界的重要前提。人类对于整个世界的认识经历了纯粹的自然经验阶段,深化到科学解释层面、行动合成阶段。这些阶段的逐步深入,意味着人类认知自然、改造自然及人类社会能力的不断增加。这一过程,也是科学认知的理念、方法、技术、手段、成果和产品共同作用的结果。

今天我们借助科学的研究方法开展的教育科学研究,其目的在于探索教育规律,以解决教育领域的重大理论与实践问题为归宿。在问题解决的过程中,发现或发展教育的一般原理、普通原则、通用方法,并警醒后来者借助既成的原理、原则和方法在教育实践中有效作为。当然,这一目的的达成,需要有科学的假设,和对所研究的问题是否解决的明确的检测指标。同时,科学的假设、解决和验证假设的研究设计以及对研究结果或结论的检验,均须还原到教育实践之中。由此,教育的科学化、科学的教育以及教育实践向着理性的回归,无不依赖于教育科学研究的持续深入和繁荣。

（一）教育的科学化

应该说,与人类社会相伴而生的教育,起源于人类本能生存、生产和生活的需要,依循经验来认知整个世界。鉴于此,我们不妨将目光回溯到教育产生之初。在整个漫长的认知过程中,从结绳记事、刻木记事、垒石记事到其后文字的产生,数字的引入,应该说,人类的进化与文明走向,伴随着认知工具的进步,借助工具实现了视野拓展和改造世界能力的增强。事实上,纵观人类社会的教育发展史,无一例外地,基于经验总结和思辨的教育,在科学的道路上经历了漫长的岁月。

人类教育发展史表明:教育科学的所有进展都与研究方法论进展有关。教育科学化的标志之一在于教育学作为一门独立学科的产生。在人类社会漫长的教育历程中,从原始教育的产生到教育学的萌芽,从教育学独立体系的形成到科学教育学的发展,其间无不注入教育科学化的痕迹,饱含着人类对社会再生产及自我认知改造不断深化、升华的认知及实践的进化。纵观教育走向独立学科的发展史,不难发现,随着人类教育实践的逐步深入和人类教育经验的逐渐丰富,人们开始致力于对生产、生活实践中的教育现象、教育问题进行经验的总结和规律的探索。尤其是随着专职教育人员的出现,一些哲学家、思想家开始对教育问题进行研究,并在他们的政治、哲学思想中有了对教育问题的论述和说明,如古代中国的孔子、孟子、荀子、朱熹和古代西方的苏格拉底、柏拉图、亚里士多德、昆体良等人。这一时期,思想家、教育家的教育思想均是作为他们的哲学思想或政治思想的组成部分,混杂在政治、伦理、哲学等著作中,其内容也大多停留于对教育经验的描述和自我经验的总结上,缺少独立的科学命题和理论范畴。

现代社会的发展,使得传统的基于经验和思辨基础上的教育研究,已不能满足教育实践的需要。因此,20世纪以来,随着科技的发展和人类社会的变革,以哲学和心理学作为理论基础的传统教育学科,在社会学、人类学、管理学、数学、生物学、信息学等多学科交叉、渗透的基础上,其理论基础更为丰富,学派也更为多样。尤其是从实验教育学产生以来,在教育科学研究领域,借助心理学、管理学、社会学等学科知识,使得教育实践活动逐渐摆脱经验主义的窠臼,渐趋实证主义的范畴。由此,教育研究及实践领域也分化出不同的派别,例如,实验主义教育、实用主义教育、要素主义教育、永恒主义教育、改造主义教育、进步主义教育等。借此也推动了教育实践领域的巨大变革,加剧了教育科学化的进程。

随着教育研究所依附的学科基础的不断扩大,教育问题的研究视域也随之扩大,具体表现为:一是,宏观上研究教育的顶层问题,从而建立新的教育观,包括教育发展观和教育研究观。二是,研究一般的教育理论,如什么是教育(即对教育本质的探讨),为什么教育(对教育目的的探讨),教育谁(教育对象),用什么内容教育(教育内容),用什么方法教育(教育方法),用什么形式来教育(教育组织形式)等。三是,对教育应用领域问题的研究,如教育教学基本技能和技巧、教育方法、教育原则、教育手段等操作层面的问题。与此同时,教育研究的范式也呈现出"经验—描述""学—思辨""科学—实证""规范—综合"等多样化的发展趋势。

与教育研究范式多样化相伴,教育科学本身的内容和逻辑体系建构也更趋科学、系统和完整。在教育科学的孕育、形成和发展过程中,逐渐形成了研究一般教育规律的普通教育学,又出现了研究教育领域某一方面规律的各门教育学科。教育科学分化出由教育史、教育心理学构成的基础学科,由教育原理、课程与教学论、德育原理、学校管理学等构成的基本学科,由学科教学论、教育科学研究方法、教育技术学、教育工艺学等构成的应用学科,由学前教育学、高等教育学、成人教育学、职业教育学、特殊教育学等构成的分类学科,由教育哲学、教育社会学、教育经济学、教育统计学、教育评价学、教育人类学等构成的交叉学科。可以说,这些分支学科的发育、成熟,在一定程度上也不断地丰富和印证了教育的科学化进程。

现代科技的革命,正使得教育与技术的联姻进入空前阶段,由此产生的大数据将帮助人们更为有效地实施教育和学习行为。在新技术、新媒介及大数据时代,依循科学的路径、技术和方法对教育现象、教育规律的探索,无疑会带来教育实践层面的革命性变化。如果说此前停留于声像传播的远程教育技术,将教育改革的种子撒向教育这片热土的话,那可以说,借助互联网的Moocs、大数据传输及现代传媒的开放教育,正促成教育改革之花的尽情绽放。显然,在语境及情境的变化中,教育改革及实践领域的每一次变化,无不与教育的科学化、信息化、技术化紧密相连。根据美国国家教育数据统计中心 (IES)提供的最新数据,在经济合作与发展组织的国家中,美国的大学辍学率是最高的,其中只有46%的大学生能取得学位。许多学生退学的理由是教育花费太高。有了大数据分析,新的在线教育平台就能预测出大学生对什么样的教育模式反映更好,从而帮助学生回到正确的轨道,不让他们中途退学。在美国亚利桑那州立大学,该校教务长伊丽莎白·卡帕尔迪开创了顾问系统,该系统可以追踪到没有能够完成主要课程、有中途退学趋向的学生,充分运用数据为他们推荐更合适的课程,并且帮助大学生判定他们是否偏离了自己所选专业的轨道,从而使该校的学生保持率从77%上升到84%。"通俗点说,这个系统可以区分每个学生的优缺点。就像我们平常做测试实验那样,它会让每个学生都做一套测试题,如果一道题学生的答案是A,那么接下来就跳转到某一题,如果答案是B,则跳转到另外一题,测试结束后,水平不同的学生会得到最适合他的课程推荐结果。"美国学者大卫·芬雷布解释说。此外,系统还会将该学生的有关数据与收集来的其他数千名学生的数据作比较,以便提供给他最恰当的课程建议。这种日渐增加的透明性从学生扩展到教师,再到学校的管理者。大学生对自身情况有了更多的了解,教师从每个学生的情况到全班整体的情况都了如指掌,管理者也从整个学校的角度,看到了开设什么课程有用、什么课程没有用。于是,他们就能总结出什么样的教育计划、软件和方法是最有效的,并相应调整总课程。显然,大数据对于教育而言,使教师通过对自身的教学行为、教学言语、教学反思等进行系统跟踪比对分析,从而为教师给出教学改进建议;同样地,大数据通过对学生言行、举止、日常表现、学业成绩等的跟踪比对,从而为学生的学习改进给出建议和引导。显然,建立于传统的数理统计、概率计算以及现代大数据分析基础上的方法论,正在加剧教育的科学化。

(二)科学的教育

人们对教育的认知,曾经一度处于经验的认知和猜测、臆断的层面。自从教育从经验总结与推测走向实证、科学验证,加剧了教育实践的科学化以来,相应地,教育实践本身也走向了科学化层面。而科学教育的真正实现,依赖于科学的教育。

教育科学研究对教育科学发展有很大的帮助和促进,这一点已为教育科学研究实践及教育教学改革实践所证明。在人类漫长的教育实践探索中,我们逐渐地知道:教育要遵循儿童身心发展的规律,知晓因材施教、循序渐进等教学原则,懂得了罗桑塔尔效应、首因效应、从众、暗示、归因、强化等心理要素,学会了在教育实践中集合学校、家庭及社会的合力等。因此,我们经过大量的实验求证和实践验证,发现了人类认知和学习的规律,知道了经典性条件反射、艾滨浩斯遗忘曲线、有意义言语习得理论、试误、顿悟、同化、异化、迁移等建立于科学假设与实践验证的方法论基础之上的教育科学研究,为实施科学的教育提供了先验条件和基础。

以美国著名哲学家、教育家、心理学家杜威为代表的实用主义和以中国人民教育家、思想家陶行知为代表的生活教育主张,便是科学的教育在实践中的最好注脚。在此过程中,科学与人文、理论与实践之间达成了空前的统一。在教育实践中表现为科学的教育向生活世界的回归。正如有人指出的那样：生活既是科学教育之根基，又是科学教育之旨归。那些远离生活的科学教育，可能会带来生活意义的危机。因此，让包括科学教育在内的教育实践回归生活，是现代教育应对生活意义危机的唯一出路。这一目的的达成，有赖于在教育实践中坚持以生活为旨归的价值观、拓展教育内容，关注学生生活、优化教育方法，注重学生体验、创新教育评价，凸显人文价值，进而使得在教育实践中对教育的规律性的把握更加到位。

在大量教育科学研究与实践验证的基础上，借助科学的教育所实现的教育效果的大幅提升，是教育科学研究的价值和意义的集中体现，正如我们所熟知的那样，最早的私塾聚众门徒式的教学组织，到后来的学馆、班级授课制以及今天的小班授课、小组教学、选课制、学分制等。可以说，顺应工业革命以来机器大生产随之而产生的班级授课制，将教育实践的效率提高，在大批量培养产业工人方面突显了空前的效益。显然，随着教育科学研究的深入和教育的科学化，人们对教育规律的把握更加到位，所催生的教育的社会效益与效应也更为显现。

（三）教育的实践理性

应该说，人们基于教育实践需要而对教育做出的改革，无不植根于教育科学研究的前提之下。相应地，这些改革诉求的达成，正是教育实践在科学的认识论、方法论指导下的理性回归。事实上，肩承"描述教育现象、解释教育行为、改进教育实践"三大基本功能的教育科学研究，是通常所称的思辨理性（理论理性）与实践理性的统一，其中，描述教育现象即回答教育"是什么"，解释教育行为即回答教育"应该是什么"以及"何以如此"，改变教育实践则需要回答教育"应该怎么做"。"是"属于理论理性，"应该"与"做"属于实践理性。长期以来的教育科学研究在理论层面仅回答"是"的问题，面对纷繁复杂的教育实践，不能满足实践者对"应该"与"做"的迫切需求。因此，教育科学研究需要从理论理性上升到实践理性，从对"是"的认识延伸至对"应该"与"做"的全面把握，实现与教育实践和谐、理性地统一起来，构建出真、善、美的理想的教育客体，从而提高教育研究质量,提升教育实践品质。显然,人对教育现象的"实然"描述、"应然"设想,过渡到教育改革的"使然"层面,当是教育理性实践在科学化道路上的一次跨越。教育实践领域的每一次变革,无不与教育的实践理性紧密关联。当前轰轰烈烈的基础教育课程改革,正是基于教育实践境遇中的现实诉求所做出的回应。

第二节 科研育人的起源与发展

一、科研育人的起源

西方高等教育的起源可以追溯到阿加德米学园(即后人所称"柏拉图学园"),大学科研也随着高等教育体系形成而诞生。学园由柏拉图创立,有着重视自然科学研究和传授的传统,学生通过自由讨论和演讲的方式,共同探索学术问题。学园门前写着"不懂几何学者不得入内"。到了中世纪现代意义上大学诞生时期,也是欧洲封建社会的初期,守旧教会和皇室纷争冲突,科学研究因与统治者思想相悖,发展滞后于神学和经院哲学而迟缓不前。教育被教会垄断,直接体现在教学科目的设置和人才的培养方式上。中世纪大学是为继承和保留文化传统,在宗教价值观的影响下,自然科学的教授已不被应允;大学教法也采用带有经院哲学的色彩讲座和辩论等方式,贯通在神学、文学、医学和法学中。因此,一般认为中世纪大学不含科学研究,主要职责是教书育人。但其实,中世纪教学方法中的讲座和辩论是包含研究性质的。讲座的举行需要学生在演讲前结合文章的评注,得出符合逻辑的推断,讲解出自己对教材典籍的领悟并形成自己独到的见解。这一过程必然引发出探索和讨论,教师从对经典的照本宣科转变为对真理的探求发现,如法国学者戈勒夫所言,经过这一过程,评注转变为研究,教师由一个注释者成为思想家、知识分子;辩论则是在给定命题下,学生运用亚里士多德三段论的方法进行推理、演绎、论证的过程。在解读"真理"一词时,有观点认为真理是对权威学说和经典的发现,中世纪的真理概念正是此解,所以对典籍解读过程中的评注和探讨,也是建立在原有知识基础上的一种创造性研究。由此可见,讲座和辩论都蕴含着发现真理获得新知的过程,笔者认为这种思辨式和求索性的评注研究可以称作中世纪的科研,但属于广义上的科研。中世纪甚至高等教育初期的科研更多是一种个体意义的自我探索,是教师和学生中的个体化实践,并非真正意义上的科研,且未形成规模和体系。

近代大学科研发展早期,大学成为实施科学教育的机构,延续着科研活动的生命线。大学引发了人们的科学兴趣,科学知识得到传播和扩散。牛津大学成为13世纪欧洲的科研中心,西方近现代高职院校的科学研究有了雏形。众多取得伟大成就的科学家最开始是在大学里传道授业的,如阿尔德罗万迪在博洛尼亚大学、布拉德雷在牛津大学、巴罗在剑桥大学授课一样,许多优秀的科学家几乎都有在大学里的任职经历,只是未能得到论证。16—17世纪期间,大学为这些人提供付酬职位,确保科研人员专心教育、研究,没有生活温饱方面的后顾之忧。以牛津大学和剑桥大学为例,16世纪的牛津、剑桥大学的教授职位数量非常有限,只在1527年、1540年和1546年相继设立了利纳克尔讲师职位,钦定物理讲座教授职位等。但到17世纪早期,几何学、天文学、自然哲学、解剖学和植物学等教授职位已在牛津大学先后设立。剑桥大学则设立了数学、化学、几何学、解剖学和天文学等教授职位。除了为科研人员提供基本生活保障方面发挥关键的作用之外,大学还在科学发展方面发挥了其他作用。大学为许多学生开设了自然科学的课程,为学生提供与大师级教师进行面对面交流的机会。比如牛顿在一年中仅举办8场讲座,但是当时参加或是能够理解讲座内容的人均在科学研究领域做出了突出成就。大学还为科学研究提供了个人所不能获得或尚未占有的宝贵资料。到16世纪,大多数意大利大学已经富足到拥有自己的药物园及拥有大量自然历史收藏品的程度,数个世纪以来,这些研究成为鉴定植物和化石的指南。科学研究与大学是与生俱来的,只是没有从人才培养中分离出来,不是大学传授的重点,而且近代早期大学一般不鼓励集体性的科学探索[①]。

随着柏林大学的成立,科研职能被正式引入大学,成为继教学职能后一大新的重要职能,发挥着不可替代的作用。高等教育发展,把大学带入了与之息息相关的社会中心,科研职能也在社会需求下日益凸显。克拉克主张高等教育社会动力主要源于知识的扩展,知识扩展激发了人们对建立新的学科和研究领域的期望,对高等教育机构提出新的需求。20世纪70年代以后,世界著名大学普遍把科学研究和知识创新作为工作的中心,形成了世界范围的"重科研"。在中国,这种现象似乎更为显著:原本的教学中心、科研中心逐渐演变成以科研为中心;高校社会评估、排名时,科研都被给予重要参考指标;高校的科研能力水平高低甚至直接关系到能否拿到科研项目和申请到博士点。为此,高校想方设法全力推动科研创新:引进科学技术人才、搭建科技交流平台、组建科研创新团队、出台科研激励政策并给予科研项目经费资助。

由于科研对社会的贡献率越来越大,高校科研的社会地位与日俱增。1998年联合国教科文组织召开题为"二十一世纪的高等教育"的会议,第一个主题就是"教育的社会相关性"。1999年"二十一世纪的科学"成为这一年世界科学大会的主题。2001年联合国教科文组织高等教育、(科学)研究和知识论坛正式成立,搭建起了供人们辩论的平台。在此背景下,该论坛为"研究研究"的问题继续获得重视。现在人们普遍认为"高等教育,研究和创新"的关键知识体系为知识社会的构建提供了养料。

2014年《国务院关于加快发展现代职业教育的决定》中特别指出:"高等职业教育要密切产学研合作,为行业企业创新发展服务,培养面向经济社会发展需要和生产服务一线的高素质劳动者和技术技能人才……"这肯定了科研在育人和企业发展中的重要地位。2015年,国务院办公厅发布《关于进一步加强和改进新形势下高校宣传思想工作的意见》,正式提出了"科研育人";2017年,教育部发布《高校思想政治工作质量提升工程实施纲要》,提出"十大育人体系",明确指出科研育人作为"十大育人体系"之一,是"三全育人"的重要组成部分。科研育人是以科学研究活动为载体,

---

[①]张亚光,曾丹旦."三全育人"视域下高校科研育人探究[J].学校党建与思想教育,2021(1):91-93.

在进行科学研究的过程中培养学生在科学认知方面的素养,提高学生参加科学研究及解决实际问题的能力,提升学生的人格操守与职业道德,实现育人的功能。

二、科研育人的发展

(一)营造科研育人氛围,创设良好育人环境

1.提高教师科研育人意识

教师作为科研育人的实施主体,需要提高自身的角色认知。高职院校的职能包括人才培养、科学研究、服务社会和文化传承。新时期高职院校职能的变化意味着教师多元角色的产生。教师要深刻认识到自身承担的育人能力不再仅仅是教育教学活动中的传授知识、技能培养,还包括科研活动中的科研能力培养、科研品德培育与科研精神塑造。高职院校需要秉承科研育人的理念,实现教育教学与科学研究的有机结合,充分发挥科研协同育人的作用。学生是科研育人的接受者,需要充分调动学生参与科研的积极性。高职院校在结合自身办学特色的基础上,加大科研事迹宣传力度,营造科研舆论环境,打造特色科研文化,让学生充分认识到科研在个人成长、能力培养中的重要性,鼓励学生关注学科前沿、行业动态,与教育教学内容相结合,培养学生科研兴趣,积极引导学生关注科研、参与科研。

2.建立健全科研政策制度

在秉承"十大育人"体系理念的基础上,进一步认识到科研育人在技能培养和人格塑造中的重要性。教育的根本在于立德树人,高职院校要重视科研育人在专业教学以及思想政治教育中的特殊作用,积极创造自由活跃的科研环境。科研活动的实质是以人为中心的创造性活动,要以人为本,将科技资源更多地向科技创新一线倾斜,改革和创新科研管理制度,在科研项目申请经费使用、成果转化等各个方面给予政策支持,以制度为保障,为科技工作者创造良好的科研环境。高校要制定科研育人相关制度,让科研育人有章可循,以制度引领高校、教师和学生全方位、多层次开展科研活动;制定科研育人制度应奖罚并举,以制度激励科研

育人,以惩罚避免科研资源浪费,鼓励师生开展适应高职院校人才培养模式和学科发展特点的科研活动;设立科研育人专项经费,为科研育人工作做出突出贡献的教师设立奖励基金,保障科研育人的实施;重视科研的育人作用,对指导学生进行科研活动,开展教学型研究的教师给予支持与肯定,将科研活动作为学生的第二课堂,对科研活动进行学分量化,与第一课堂共同构建教学科研协同育人体系和学生综合素质评估体系,实现全方位育人,同时全面、综合地反映学生的综合素质情况。

(二)突出职业教育特色,找准科研育人方向

高职教育是区别于"学术型"本科教育的"应用型"教育,高职教育的根本在于培养"技术型""应用型"的高水平、高层次技术技能人才。因此,高职院校的科研也有别于本科院校,更具有服务性、应用性以及开放性。本科院校的科研注重基础研究,而高职院校的科研更侧重于服务行业、产业,力求解决企业生产活动中的实际问题,促进地方经济发展。高职院校根据自身特点和科研水平,选择行业、企业亟须解决的技术问题作为科研内容,以科研促进教育教学改革,促进教师个人科研成长,促进地方行业经济发展。

高职院校要以产业为依托开展科研工作,秉承"服务社会"的新时代使命,深化产教融合、校企合作,走好产学研合作道路,培养服务区域发展的高素质技术技能人才。第一,高职院校要制定科研育人方针政策,打造学校特色科研;第二,要坚持产学研合作,共同培养高技能人才;第三,高职院校要加大人才培养与人才引进力度,切实提高教师队伍的专业素养与科研水平,优秀的教师科研团队是开展科研育人的基础。目前高职院校引进人员主要分为两大类:一类是高校应届毕业生,此类人员理论基础扎实,教学水平较高,但缺少实际生产经验;另一类是企业技术人员,此类人员实际生产经验丰富,解决过大量企业技术问题,实践能力较强,但理论知识匮乏。高职院校要将上述两类人员有机结合,打造特色科研团队,以企业亟须解决的技术问题入手,理论联系实际,开展符合院校特色的科研活动。

(三)搭建科研育人平台,提供可靠途径

除了依托原有的大学生创新创业工作以及"挑战杯"等赛事外,学校要依据高职学生特征,统筹协调教师、科研设备、实验、实训等资源配置,搭建学生科研平台,保障科研育人的实施;建立良好的实训实践教学体系,夯实专业基础是搭建科研育人平台的前提,有意识地在教学过程中培养学生科研兴趣与科研积极性才能充分发挥科研平台的育人功能,实现教学相长。科研育人平台聚焦学科前沿,关注地方、行业重大战略需求和重大创新项目,可以让学生深刻体会到科研的重要性与必要性。教师通过科研育人平台发布科研任务供学生选择,通过师生互选确立师徒关系,建立学术共同体,以目标责任制督促学生完成科研任务,产出科研成果,培养科研能力,塑造科研品格。

同时,鼓励学生进行自主设计、独立操作、教师指导的开放性研究,培养学生创造性思维,锻炼学生独立思考与动手能力。目前很多高校实施的科研训练便是科研育人平台一个很好的形式。科研训练聘用有丰富科研经验的教师作为科研指导教师,吸收学生参与教师研究课题,让学生成为科研团队的一员,切实感受学术研究氛围,了解专业前沿知识,接受研究思维与方法锻炼,进行专业领域探索,激发科研热情,培养探索性思维,养成科学严谨的研究态度与研究精神。

此外,构建合理的组织框架,建立完善的管理流程是科研育人平台运行的基础。成立科研育人项目建设领导小组,从组织上给予科研育人工作强有力的保证。建立科研育人平台管理流程,使项目立项、过程管理、结项验收合理有序地进行。充足的科研育人经费以及科研实验设备资源是科研育人平台运行的保障。高职院校要为科研育人平台提供充足的科研经费保障,完善实验室与实训室建设,保障学生科研的顺利进行。

第三节　高职院校科研育人的价值和内容

科研育人是新时期我国建设世界一流大学、世界一流学科(以下简称"双一流")的内在要求和本质特征,是培养德智体美劳全面发展的社会主义的建设者和接班人的必然选择。新的时代高职院校深入开展和实施科研育人,是走"内涵式发展道路"的必由之路。党的十九大报告提出,"要培养造就一大批具有国际水平的战略科技人才、科技领军人才、青年科技人才和高水平创新团队,力争实现前瞻性基础研究、引领性原创成果的重大突破。"也必须依靠高职院校科研育人工作的内生性增长。

一、高职院校科研育人的重要意义和价值

科研育人是高职院校实现"立德树人"总任务的重要手段和途径,是高职院校在新的时代改革创新发展的内在要求,是营造良好科研风气的题中应有之义,是高职院校实施素质教育的重要内容。

(一)高职院校科研育人是新的时代高职院校改革创新发展的内在要求

创新是一个民族进步的灵魂,是人类社会发展的重要动力,也是新的时代高职院校发展的内在要求。一方面,在新的时代,我国建设高职院校必须走改革创新发展的道路;另一方面,当今世界处在大发展、大调整、大变革时期,我国的综合国力日益提升,要在2035年跻身创新型国家前列,基本实现现代化,到21世纪中叶迈入中等发达国家行列。综合国力的竞争和国家的强大,必须依靠大量的创新型人才和创新精神。创新型人才是新的时代改革创新发展的关键所在。无论是培养创新型人才还是创新精神,都离不开高职院校科研育人。一方面,高职院校的建设离不开高职院校科研育人。高职院校科研育人能力不仅是高职院校建设的评价指标,而且是高职院校的内在核心素养。另一方面,高职院校科研育人是培养创新型人才和创新精神的重要渠道,为国家供给和储备

人才资源,提高国家战略定力。

(二)高职院校科研育人是营造良好科研风气的题中应有之义

科研风气大体包含两方面内容:一是科研导向,在科研过程中是否注重科研的含金量,是否对促进人的全面发展和人类社会进步有益作为评价标准。二是科研人员的精神面貌,在科研过程中是否有积极向上、锐意进取的科研态度。一所高职院校科研风气通常影响着整个学校的整体风气。科研风气与科研事业,一兴俱兴,一荣俱荣,一衰俱衰,相辅相成,相互影响。但是,在实际的科研过程中,由于制度设计不合理、评价导向不科学、科研道德约束力不强等诸多因素的影响,部分科研工作者在科研活动中,做不到以科研精神涵养科研风气,反而频频触犯学术不端的底线,对整个科研风气,甚至是社会风气都造成严重的损害。广大哲学社会科学工作者要树立良好学术道德,广大青年学生是引领科研风气的新生力量。在校期间,让学生参与到科研活动中,并通过科研育人培育学生坚持正确的科研导向、积极的科研精神,弘扬风清气正的科研风气。总之,高职院校科研育人是营造良好科研风气的题中应有之义。

(三)高职院校科研育人是实施素质教育的重要内容

高职院校科研育人与素质教育的要求具有内在统一性。素质教育是民族和社会进步的基础。高职院校素质教育的内涵就是要培养学生具有完整的人格和独立的个性,以提升全民族的素质。高职院校科研育人在于培养学生具有创新思维能力。学生参与科研活动,不仅会培养完整的人格和独立的个性,使学生成为一个完整的人,而且能够提升学生的创新思维能力和一丝不苟的科研精神,使学生成为一个对社会有益的人。

在宏观层面,2019年,中共中央、国务院发布的《关于加强和改进新形势下高校思想政治工作的意见》中提出"坚持全员全过程全方位育人"的具体举措,其中包括"科研育人"。2017年12月,教育部发布的《高职院校思想政治工作质量提升工程实施纲要》,规定基本任务之一就是构建"科研育人质量体系"。在中观层面,学校通过各种各样的制度性安排,鼓励学生参与到科研活动中,例如,参加老师的课题组、针对学生的课题基金、大学生创新创业项目等。在微观层面,高职院校学生已经深度地参与到科研中,既为高职院校学生的培养提供了重要支撑,也为高职院校学生毕业之后走向工作岗位奠定了基础。通过参与科研活动,学生提高了科研能力,培养了初步的科研素养,提高了综合素质。换言之,高职院校科研育人是实施素质教育的重要内容,也是培养“新的时代的奋斗者”的重要手段①。

二、高职院校科研育人的维度

(一)科研育人团队

依托科研团队的人才培养,即把人才培养与科研团队的科研活动相融合,是当前人才培养模式的创新,是19世纪以来德国教育家、哲学家洪堡提出的“教学与科研相统一”理念的深度延伸。

这一模式在培养技术拔尖创新人才的同时,将科研教育寓于科研之中,能够实现“沉浸式”的科研教育,有助于建立有特色的、动态的、与时俱进的科研育人体系,形成可转化、可推广、可借鉴的育人模式,促使高职院校“教”与“育”、“科研”与“教学”、“理论”与“实践”的结合和平衡,营造人才培育新生态,提升人才培养水平。

(二)科研育人导师

人才培养需要导师的指导。导师与学生接触较多,对学生会产生很多影响。佳木斯大学教师董锡文等研究了导师对研究生创新人才培养的影响,发现导师对研究生培养的影响很大,从人格品质、严谨态度和正确的世界观、人生观,到淡泊名利、踏实做人做事等,都在平时导师指导的点点滴滴中受到潜移默化的影响。

高职院校可以充分发挥本身的特点,形成由本校“双师型”教师和企业人员共同组成的导师团队。第一,引导导师建立终身学习理念,为学生创造良好的科研氛围,为学生的人格养成,世界观、人生观、价值观的树立打好基础;第二,鼓励导师与企业多交流,将企业的技术难题、行业

①韩慧仙.高职院校科研育人实施路径的探索与研究[J].辽宁高职学报,2020,22(11):97-100.

的难点热点转化为实际课题,指导学生组建团队、攻坚克难;第三,将科研问题转化为重点、难点带入教学环节,与学生共同分析、解决问题,让学生直接参与到攻克企业难关的过程,增强自信及服务社会的意识和能力。

(三)科研育人活动

1.科研项目

科研项目是开展科研育人的有力载体,高职院校科技管理部门应该增加科研项目的支持,引导老师让更多的学生参与科研活动,组成科研团队;对科研项目进行分析,根据兴趣和能力做好分工,定期开展汇报讨论,引导鼓励学生创新,并确定问题、分析问题和解决问题。一方面使学生的知识内化,增强自信心;另一方面培养了学生的创新思维、实践能力;同时解决了高职院校没有研究生的不足,使教师的科研项目更好开展,更容易取得高质量成果。

2.科研兴趣小组

科研兴趣小组是一种科技类社团组织,团队由一名指导教师和10~15名学生组成。结合专业和实际,确定研究主题,通过指导教师的指导,加强团队成员的专业学习能力、专业实践能力,并逐步培养其利用各种所学的专业知识进行科技创新的能力,为参加各级各类大学生科技赛事储备力量及增强社会服务能力。团队成员在参与活动的过程中,以兴趣为出发点,以问题为引导,以解决问题为目标,逐步培养科研热情、形成科研思维、提升科研能力。

3.科普实践活动

科普实践活动是向大众传播科学思想、方法和精神的活动方式。高职院校是科普活动的重要阵地,每年举办多种科普讲座、知识传播、互动体验等实践活动,让学生深入社区,服务群众,逐渐树立尊崇科学的价值观,树立服务社会的志向。

(四)科研育人平台

育人离不开平台的支撑,各高职院校应结合实际情况,为科研育人搭建更多的平台,如科研平台、科普平台、科技兴趣小组平台、科技创业园、校企协同创新实践平台等,指导学生参与各种科研创新活动、科普实践及宣传活动。

通过科研平台的实践,可以将科研创新过程中得到的数据,在老师的指导下,总结整理形成文章、专利等成果。在此过程中,有助于增强学生的创新能力、培养学生的团队精神、塑造学生的科研品格。

通过科普平台,有助于学生树立正确的人生观、价值观,激发学生追求真理、爱国奉献的使命感。

通过科技兴趣小组平台,有助于学生将兴趣与所学相结合,以兴趣为出发点,解决现实存在的实际问题,增强创新意识、促进自主思想、增强服务能力。

通过校企协同创新平台,校企共同开发项目化人才培养体系、项目化教材及教学资源,指导学生进行方案设计、项目实施、验收等环节的实践,开发创新意识、培养创新思维、提升科研创新能力。

通过科技创业园平台可以帮助学生孵化成果,指导学生参与科技创新创业大赛或组建公司,有助于帮助学生磨炼科研意志、增强科研技能、创造价值进而服务社会。

科研育人平台的支撑,有助于科技创新人才的全面培养。

(五)科研成果转化

科技成果转化是对科研产生的新技术、新设备、新工艺等成果实现落地的活动,科技成果只有推广应用了,才能实现推动社会经济发展的真正价值。科研成果的转化对创新人才培养非常重要。南京工业大学教授郝世甲等通过科研成果转化条件、转化实力和转化效果三个维度研究了科研成果转化对创新人才培养质量的影响,结果发现,科技成果转化能力能够正向促进创新型人才培养质量。其中,转化效果的影响效果最大,而专利授权转让和各类获奖都有助于提升创新人才的科研学习能力和创新能力。

高职院校更应重视成果转化,可以借助科技创业园、技术转移中心等帮助学校实现成果转化,探索适合本校的转化机制。在此过程中,让学生明白科研的意义、转化的效果,为学生树立投身科技创新的志向,形成无私奉献、服务社会的责任感和使命感。

三、高职院校科研育人的主要内容

(一)培养学生爱国主义理想

高职院校科研育人可以培养学生掌握科研方法、提升科研能力、锻炼科研素养,更重要的是培养学生的爱国主义情怀,争做新时代的奋斗者,以实现"两个一百年"的奋斗目标和实现中华民族伟大复兴的中国梦为己任。在高职院校科研育人的过程中,引导学生把个人的人生理想、人生追求,融入中国特色社会主义建设中,投入新的时代中国特色社会主义的伟大实践中,坚持以人民为中心,在实现"大我"的过程中成就"小我"。科学无国界,但科学家有国籍。大学生努力掌握科学文化知识,一定要树立远大的爱国主义情怀,继承和发扬革命精神,既要掌握先进的文化知识,还要扎根祖国,实现科研论文和科学技术转化为国所用、为民所用,自觉地把个人的理想追求融入国家和民族的事业中去。

(二)培养学生的求实创新精神

第一,应认识到人类社会已经进入新的发展阶段——互联网文明时代。知识创新速度越来越快,新知识的传播速度也越来越快,人类社会进入"信息大爆炸"的时代,也是"知本家"的时代,一切以"知识"为根源。

第二,应认识到中国已经进入新的时代。现代社会,科技革命和产业改革不断孕育,新的知识增长点不断涌现,我国从"跟跑"到"并跑",现在正处在努力"领跑"的阶段。而且,中国不同于西方,西方是"串联式"的发展过程,中国是"并联式"的发展道路,因此,在各个领域、各个层面都面临取得新突破的可能性。对于整个科学界而言,都是极大的时代机遇。高职院校科研育人培养学生求实创新精神,就是要引导学生认识新的时代、投身新的时代,在实现中国梦的生动实践中发现新问题、筛选新问题、研究新问题、解决新问题。科学研究作为一种高度的创造性活动,高职院校在培养学生求实创新精神时,一方面要鼓励和锻炼学生敢于探索未知领域,同时要深刻理解中国的变化只能从中国自身的内在生成性阐发,而不能从西方的理论去"生搬硬套";另一方面要善于运用唯物辩证法,突破陈规、选准方向,正确把握新时代发展的脉搏。

(三)培养学生严谨的科研素养

科学研究需要实打实的真功夫,来不得半点虚假。科研工作者要具有严谨的科研素养,既要有"板凳要坐十年冷,文章不写一句空"的毅力,又要有"知之为知之,不知为不知,是知也"(《论语·为政》)的严谨态度。在做高职院校科研育人工作时,要结合学生参与的科研工作,深化科研活动的体验,引导学生在科研过程中形成严谨的态度和"甘坐冷板凳"的毅力。中国知识分子历来有淡泊名利、求真务实的传统,但是近年来也有一些不良风气的形成,表现为急功近利、好高骛远、贪功求名,甚至在一些高等学府和科研院所都发生了学术不端行为。现代青年大学生在初入科研殿堂时,一方面一定要养成严谨的科研素养,避免庸俗化、低俗化、功利化的科研态度。从而在自己研究的领域内深入挖掘,寻求突破。另一方面,要尊重他人的科研成果。任何人的科研成果都是在借鉴和吸收了他人的科研成果基础上的突破和创新,所以,只有正视、尊重他人的科研成果,才能站在"巨人"的肩膀上有所建树。

(四)培养学生积极进取的开拓精神

一方面,科研活动具有创造性和探索性特点。科学研究以客观规律为对象,以改造世界为目的,在秉承原有知识的基础上,形成新的知识和理念,故而具有创造性。同时,科学研究是对未知世界的探究,探究人类尚未(完全)认识的领域,推陈出新、革故鼎新,因此具有探索性。另一方面,科研活动具有长期性和复杂性。科研能力的提升需要长时间的磨炼和积累;科学实验需要不断地重复,最终仍可能得不到想要的结果。

在高职院校科研育人工作中,要培养学生积极进取的开拓精神。面对未知领域,要有"百舸争流,奋楫者先;千帆竞发,勇进者胜"的精神意志,勇于奋发向上,争做时代的弄潮儿;面对科研活动的长期性和复杂性,要具有攻坚克难、时不我待、越挫越勇的拼搏意志,勇于逆流而上、知难而进,在科研领域的最前沿争得一席之地。

(五)培养学生明辨真伪的能力

现代大学生出生和成长在物质相对充裕的和平时代,思维敏捷,善于思考,愿意积极主动接受新事物。随着科技的日新月异,新媒体异军突起,成为和传统媒体并驾齐驱的信息传播工具和手段,甚至在青少年的群体中,主要依靠新媒体获得各种信息。广大青年大学生也善于利用现代化的科技手段获得新知识。他们的思想状况主流是积极健康向上的,对国家、民族有较高的认同感。但不可否认,在大学生群体中也有一部分人受国外文化、思潮的渗透和冲击,存在政治信仰不坚定、理想信念缺失、价值观扭曲等问题,表现为盲目指责、不分是非、偏听偏信、人云亦云,既缺乏求证精神,又缺乏求证能力。

在做高职院校科研育人工作时,应结合大学生的思想现状,全面培养学生的科研精神、科学思维和科学方法,提高学生明辨真伪的能力。对于一些国外文化思想和思潮,要认清楚其本质,锻炼独立思考的能力,保持理性思维,拒绝盲目和冲动。高职院校科研育人就是通过让学生参与科研活动,锻炼培养学生树立正确的世界观,甄别一切愚昧偏颇的现象和行为,用科学精神、科学思维和科学方法认识世界、改变世界。

第四节　高职院校科研育人的现状

一、高职院校科研育人现状

(一)学生层面

一方面,由于高职院校更为重视学生的专业技能培养,导致忽视了其他培养目标,学生参与科研活动和科研项目的机会相对较少。

另一方面,高职生存在忽视文化课程和理论课程的现象,对科研工作兴趣不高,不太愿意参与科研活动。因此,虽然国家对十大育人体系非常重视,也加大对各种专业技能竞赛、创业创新活动的支持,但部分学生存在敷衍了事、不愿思考的情况,没有认真对待科研任务,也就不能从中获得更多科研知识和技能。另外,高职院校对学生的要求较低,学生只需要完成基础性科研活动就可以,没有对科研结果及探究过程进行汇总,导致学生的科研认知水平较低,影响到学生学习质量。

(二)教师层面

由于十大育人体系提出的时间较短,高职教师整体对科研育人的了解不够深入,导致部分教师依然存在重教学、轻科研、轻育人的情况。由于教师忽视了科研,导致教师在学术研究方面取得的成果不大,难以灵活运用科研知识引导学生。另外,教师没有将教书育人与科研教学统一联系起来,学生就难以获得更多科研创新经验,对学生个人成长十分不利。就算部分高职教师意识到科研育人的重要性,但大多将思想道德教育作为主要育人内容,不能有计划、有针对性地进行科研指导,学生难以形成完善的科研意识和技能。

(三)学校层面

学校是开展教学活动的主要场所,学校政策与环境对科研育人是否起作用具有巨大影响。但目前来说,高职院校在科研人才培养和科研评价机制等方面存在不足,难以起到较好的育人效果。

学校制定的科研管理制度需要涉及学校、教师、学生、相关部门等层面,如果某个环节管理不到位,会导致科研育人体系和科研育人机制无法完善,影响最终育人成效。比如,高职院校只重视培养满足市场的人才,没有对科研实践活动做出硬性要求,导致学生也不重视科研活动,无法发挥科研育人功效[①]。

(四)社会层面

虽然教育部党组对科研育人给予高度重视,但就整个社会来说,并未形成良好的科研育人氛围,社会大众对高校开展的科研育人重视程度不高。另外,部分企业对高职生从事科研任务存在偏见,认为高职生的文

[①]陈志菲.基于实证调查的高职院校科研育人现状及成因分析——以广东为例[J].湖北开放职业学院学报,2020,33(4):47-49.

化水平有限,专业也更偏向实践操作类,不适合做科研任务,导致高职生在科研方面就业压力大。另外,很多高职院校忽视学生技术创新能力的培养,只是单纯传递专业知识和技术,不利于培养学生实践创新能力。

二、高职院校科研育人存在问题

(一)缺乏科研育人意识,难以形成良好育人氛围

科研育人视角下,高职院校不仅承担人才培养教育责任,还需要担负社会服务、文化创新、科学研究等职能,对教师的角色定位造成大改变。但部分教育者依然将自己的职能定位在人才培养上,对科研工作重视程度不够,未能提高自身的科研育人意识。另外,大多数教师对科研育人的认识度不够,缺乏价值认同,忽视科研育人实践意识、责任意识的培养,导致课堂未能形成良好科研育人氛围。

(二)科研育人机制不完善,缺乏科学多样育人手段

随着社会对教育人才需求方向转变,高等教育学校应该及时转变教学观念和教学模式。但是,由于缺乏经费和制度保障机制,高职院校依然将技能工匠作为教学核心人物,采用传统的人才培养模式,对其他方面教学重视不够,无法提高科研育人效果。另外,由于科研育人实行时间较短,高职院校未能形成完善的科研育人机制,对科研成果评价准确率不高,削弱了科研育人的前沿性。

(三)科研育人过于功利化,注重表面形式

随着教育部党组对科研育人高度重视,高职院校为了完成教育部给出的任务就会组织学生参与各种科研创新活动。但这种行为的主要目的是为了职称晋升和评奖评优,未能从学生个人发展方面科学指导学生。另外,一方面,由于教师自身缺乏专业科学知识,大多数教师只能指导学生科研方法,在具体科研过程中的指导作用不强,难以帮助学生完成科研任务和培育科研精神。另一方面,学生参与科研活动大多也是为了评奖评优、入党争先等,没有结合自身兴趣和需求合理规划项目,导致科研活动缺乏精神支撑。

三、高职院校科研育人优化对策

(一)营造科研育人氛围,创设实践育人环境

科研育人过程并不是一蹴而就的,需要经历一个潜移默化的过程。因此,学校和教师要积极优化科研实践育人环境,为切实提高学生科研技能和精神奠定基础。在科研实践育人过程中,教师是育人的实施主体,教师对科研育人的认知程度将影响到科研育人成效,应注重在全校范围内营造科研育人氛围。第一,提高教师对科研育人的正确认识。教师必须深刻意识到自己角色定位的转变,不仅要注重人才培养,更要将科学研究、文化传承、服务社会等精神传递给学生,提高学生的思想品德素养和文化修养。教师必须结合当前教学任务及时转变教学理念,实现教育教学与科学研究的有机结合,充分发挥科研协同育人优势。第二,高校要加大科研育人宣传力度。一是加大科研育人政策宣讲,将相关政策推送到学校官网和官微上,并挑选经典案例进行宣传,让学生深刻意识到科研育人的功效;二是加强科研活动组织培训,高校要定期组织相关育人活动,邀请学生参加科研育人专题讲座,并发放相关的科研育人活动任务,在官网、官微上宣传本校师生的精神风貌,注重科研育人队伍的建立,加大导师与学生的交流互动,积极培养学生的拼搏精神与合作意识。第三,提高学生的活动积极性。学生是科研教育的接受者,只有充分调动学生参与科研的积极性,才能形成人人参与的教学氛围,进而创设良好科研育人环境。因此,高职院校要加强在学生意识方面的宣传,让学生意识到科研在个人成长和能力培养中的重要性,鼓励学生关注科学前沿和参与科研,切实提高学生的科研素养。

(二)建立健全科研政策制度,构建完善实践机制

科研育人是"十大育人"体系的重要组成部分,必须让全校师生都深刻认识到科研实践育人的重要性,懂得科研育人与立德树人的关系。第一,重视科研育人在专业教学与思想政治教育中的特殊作用。科研活动是一种以人为中心的创造性活动,以人为本才能提高科研育人成效。因此,高职院校需要改革和创新科研管理制度,注意在科研项目申请、经费

使用、成果转化等方面给予政策支持,为相关科研工作者提供良好科研环境。第二,高职院校做好校级层面的顶层设计,并借助制度规范师生言行,借助专业的科研导师开展科研育人活动。在制定科研育人机制时,要秉持因校制宜原则,结合本校、本专业人才培养特点合理制定科研育人内容,使其更具可行性和科学性,并借助科研育人机制全方位开展科研活动,鼓励师生不断适应科研育人教学模式。第三,加强科研成效监督,设立专门的监管部门,从而切实考核每个二级学院是否真正开展科研育人工作,并建立相应的奖惩措施,实施有奖激励、惩罚监督等政策。同时,学校要为科研育人设立专项资金,以便能够有充足的资金来保障科研育人服务体系能够正常运行。学校可以将科研活动作为学生的第二课堂,注重对科研活动学分化,全面调动学生学习积极性,进而培养综合素质高的复合型人才。

(三)科研融入课堂教学,提升实践育人成效

在科研育人视角下,教师必须重视科研育人工作,不能只将注意力放在人才培养方面。因此,教师要及时改变教学理念,注重科研育人与课堂教学有机结合,在日常教学中渗透科研知识和科研精神,切实提高科研育人效率。第一,改变传统教学模式。教师要充分意识到学生是学习主体的地位,引导学生主动学习,充分发挥学生的主体作用。在这个过程中,教师要加强与学生的沟通交流,鼓励学生自主探究,让学生在探究、思考、讨论的过程中不断学习新的知识。教师可以以开放性问题为导入,在课堂教学前设计好与生活、与科学知识相关的问题,然后通过问题引导引发思考,让学生从产生疑问的地方出发,从而加强生活与教材内容的联系。接着,让学生以小组形式进行讨论,在交流互动中掌握更多知识,还能增强学生的合作探究意识和思考探索能力。第二,开展以工作为导向的教学。学生在课程中学习的知识是提高学生工作能力的基础知识,以工作为导向进行教学,有助于提高学生的岗位就业能力,进而提升岗位工作的实用性。在这个过程中,教师要密切关注本专业学科的行业新动态,并结合新动态及时调整教学内容,让各种新材料、新技术融入课堂,充分激发学生技术创新欲望。第三,增强创新思维训练,注重

科研精神传递渗透。创新是提升科研技术的关键,注重在课堂教学中渗透创新意识和创新精神,有助于提高学生的科研精神,使其形成不断创新的学习状态。另外,在课堂中增加创新思维训练,也能改变传统教学模式,让学生感受到不一样的课堂氛围,有助于激发学生的探索精神和发散思维。当然,创新思维训练不应超过学生的认知能力和自身水平,教师要注意与课堂知识或专业相关知识相联系,以此激发学生学习的积极性,培养学生的创新精神。

(四)全过程育人导师体系,发挥导师制育人功能

为了有效促进科研实践,高职院校可以开展科研导师制培养模式,采用科研导师与学生双向选择的方法来提高科研育人作用。第一,大一时期实施双向选择策略。只有让教师充分了解学生的实际需求,才能实施以人为本的教学策略,为学生提供更适合自己的成长计划。因此,需要从大一新生入学开始就引入导师制,让导师与学生建立更加深厚的情感。在大一期间,导师主要负责引导学生专业调研、了解专业工作岗位等工作,帮助学生加深对本专业的认识,进而合理规划职业生涯,制订在校三年的学习计划。在这个过程中,实施导师与学生双向选择方式,各个科研教师可以将自己的科研题目及选入情况公布出来,让学生了解将要完成的科研项目是什么,然后思考要不要选择这位导师,从而确保该科研活动能够激发学生探索欲,为开展科研实践教学奠定基础。第二,大二参与科技创新竞赛。随着大一时期加深师生了解,导师就可以引导学生参与相应的科研创新项目或竞赛活动。学生可以结合导师开展的项目进行延伸或者自己创新一个科研项目,然后在大二时期积极参与各种项目比赛,在参赛过程中体会到科研育人的重要性。在这个过程中,科研导师要加强对学生的指导,帮助学生解决在实践过程中遇到的问题,注重培养学生实践技能和科研思路。第三,强化毕业设计指导。毕业设计是了解学生是否掌握相关科研知识的关键,通过导师从入校到毕业全过程指导,有助于提高学生的科研素养和科研精神。实施全过程育人导师制,有助于在各种实践活动中全面引导学生,让学生能够在科研过程中感受到思想道德教育和价值观教育,引导学生树立正确三观和学

术精神,将立德树人任务有效落到实处。

(五)突出职业教育特色,建立校企合作机制

高职教育的根本目的在于培养"技术型""应用型"人才,在进行科研育人时,也要结合该教育特点,找准职业科研育人方向,为高职生提供更加贴合的科研育人内容。因此,高职院校要加强与相关企业建立合作关系,注重结合学生专业岗位开展科研教学,以便解决企业生产生活的实际问题。第一,合理选择合作企业,高职院校要结合自身特点及科研水平选择相关科研内容,并与企业建立合作关系,以科研促进教育教学改革,帮助师生了解相关行业急需解决的科技问题,进而以此为项目探索。通过产教融合,有助于帮助学校了解当前行业科技最新进展,进而为科研创新提供方向。在这个过程中,学校要制定总的科研育人方针政策,并积极开展学校特色科研,与企业共同培养高技能人才。第二,将相关行业企业技术人员引入教学过程中,改变现有教学状态,让学生能够了解更多专业实践知识,丰富专业课程授课师资。相对于校内教师来说,企业技术人员更具有实践性,能够加强实践方面的指导,有助于帮助学生将理论与实践相结合,让学生感受到企业研发过程及行业发展动态,提高学生的创新素质。

第二章 高职院校科研育人的路径 ——科研团队

第一节 科研团队概述

随着经济时代的到来,科学技术的发展关系到一个国家政治经济文化的发展,国家间的竞争实际上就是科学技术的竞争,而科学技术的进步将会促使各学科之间的联系更加密切,所以学科间的界限越来越模糊,各学科间的交叉性、渗透性和综合性日渐明显,达到了前所未有的程度,学科研究的集体性、开放性也日益凸显。科学研究已成为一项集体协作的活动,需要多学科、跨学科的合作,进而推动科研组织向综合结构发展。一个科研项目需要科研团队中各成员的共同努力才能够完成,也就是说,单兵作战的小学科时代已经不再适合当今科学技术发展的要求了,与他人联合组成科研团队进行科学研究,已经成为一种必然的选择。

随着科学技术在当今社会中的地位越来越重要,我国政府相关部门认识到组建科研团队的重要性,先后出台多项政策以支持和鼓励高校科研团队的建设和发展。如国务院下发的《国家中长期科学和技术发展规划纲要(2006—2020年)》中提出了关于高校科研团队建设的两个方面:"一方面要加强人才队伍建设,人才资源已成为最重要的战略资源,要依托重大科研和建设项目、重点学科和科研基地以及国际学术交流与合作项目,加大学科带头人的培养力度,积极推进创新团队建设。另一方面是充分发挥教育在创新人才培养中的重要作用,支持研究生参与或承担科研项目,鼓励本科生投入科研工作,在创新实践中培养他们的探索兴趣和科学精神。"教育部颁布实施的《"长江学者和创新团队发展计划"创新团队支持办法》中明确指出:"为进一步发挥高等学校创新平台的投资效益,凝聚并稳定支持一批优秀的创新群体,形成优秀人才的团队效应,提升高等学校科技队伍的创新能力和竞争实力,推动高水平大学和重点学科建设,有计划地在高等学校支持一批优秀创新团队,建立科研团队来从事科研创新具有重要的现实意义。"2001年,国家自然科学基金委员会颁布实施《创新研究群体科学基金试行办法》,目的是组建一批具有影响力的创新科研团队。2013年,国家自然基金委员会通过了《国家自然科学基金创新研究群体项目管理办法》。以上都是我国政府高度重视人才培养和科研团队的建设所出台的一系列政策。

一、高职院校科研团队的概念及特点

(一)团队的概念

从团队的定义中我们可以得出:"团队"是管理学界最近几年非常流行的一个名词,团队的相关理论研究成果大部分集中在企业研发团队。随着知识经济的发展,科研团队的建设成为一种必然,这样就有很多学者开始关注并对其进行研究,高校科研团队研究在我国高等教育领域,取得了很多显著的研究成果,但是与此同时也存在着一些不足。

"团队"一词早在军队产生时就已经出现,16世纪演变为"一起行动的人"。20世纪90年代,美国著名管理学家德鲁克认为:团队是一些技能互补,并为同一目标和标准而奉献的少数人员的集合。团队作为一种先进的组织形态,在各组织中是必不可少的,第一个提出"团队"概念的人是美国管理学家斯蒂芬·罗宾斯,他认为团队是指一种为了实现某一目标而相互协作的个体所组成的正式群体,该共同体合理利用每一个成员的知识和技能协同工作,解决问题,从而达到共同的目标。美国学者乔恩.R.卡曾巴赫认为,团队就是由少数技能互补,愿意为共同的目的、业绩目标而互相承担责任的人所组成的正式群体。英国教育心理学家拉姆斯登在他的《群体与团队沟通》中认为:团队成员应共同承担领导责任,其团队必须具有与众不同的个性特征;团队成员应相互协作,共同努力,争取达成目标,团队应和其他群体以及所处的系统保持紧密联系。在国内对团队概念的解释也有许多,AOAC中国区主席、青岛海关技术中心主任梁成珠认为：所谓"团"，可以看作是"口"中有"才"，解读为"口才"绝顶才能把"人才"围住；所谓"队"，结构为左"耳"右"人"，意指倾听。

综合两个字的寓意，即可得出结论，"团队"就是表达与倾听的结合体。这是狭义上的团队解释，而广义上的团队概念则应延伸至一个能够使其内部成员在相互沟通和协同的基础上求同存异、互相补充、有序竞争的集体。对比以上几位学者对团队概念的分析我们可以将团队的概念简单概括为：具有不同技能的团队成员，为了共同目标，通过团结协作而组成的正式群体。

(二)科研团队的概念

科研团队顾名思义就是由科研人员组成的团队。科研团队是一种有效的科研人力资源组织模式，是以科研项目为牵引，以科学技术研究与开发、人才培养为主要内容，由为数不多的技能互补，愿意为共同的科研目的、科研目标而相互承担责任的高校科研人员为主而组成的有机群体。高校科研团队并不是一群人的机械组合，而是一个有机结合的整体，团队成员不论是技能还是知识方面都能有效地互补，因此团队成员除了具有独立完成工作的能力之外，同时还必须具有与他人合作共同完成工作的能力[①]。

综上所述，高校科研团队狭义上是指大学内部和大学之间合作研究的团队。广义上指包括高校与企业之间、高校与科研院所及多家创新体系内，包括高校在内的各行为主体间的团队合作形式。就本文而言，高校科研团队是以其狭义概念来进行研究分析的。

(三)科研团队的特征

科研团队的特点有以下几个方面：

1.引领学科发展的领军人才

一个优秀的科研团队必然要有一个领军人物，这个领军人物必须具有较强的战略思维能力、学科透视与把握能力、组织协调能力和合作精神，具有良好的学术道德和社会责任感，能够发挥较强的凝聚和领衔作

---

①许华春．民办高职院校管理新论[M]．杭州：浙江大学出版社，2011：115-118．

用,并已经取得优秀业绩或具有明显的创新潜力。学术带头人一般为省内外具有学术知名度且有较强的发展潜力的资深学者。例如,国家重点学科中西医结合临床学科带头人、大连医科大学教授陈海龙勤奋敬业,对每一位团队成员都尽职尽责,在其研究领域取得显著成绩。

2.明确稳定的研究目标

一个共同、远大、可实现的研究目标是科研团队的灵魂,是关系到科研团队建设成功与否的关键。远大、明确、可行的共同目标可以使科研团队始终围绕既定目标而不偏离这个轨道。它赋予团队每个成员认同感,能够调动团队成员的各种积极的心理资源,克服团队成员各种不良的心理障碍,激发团队成员的创造欲望和动力。当团队中出现个人利益和集体利益冲突的时候,有利于促进个人利益服从团队利益,从而推动科研任务顺利前进。

3.良好的学术氛围

团队内部应当具备良好的文化氛围和团队精神。团队内部具有和谐的氛围和成员间密切联系有利于知识交流和有效的沟通,以充分发挥学术民主,这是科研团队协调合作十分重要的因素。以共同的活动为基础,团队成员之间相互联系、相互协作,彼此心理放松、工作愉快,相互尊重、相互信任,才能充分发扬学术民主,团队成员具有归属感,这是科研团队能够协调合作所必需的学术氛围。

(四)高职院校科研团队的概念

所谓"高职院校科研团队",就是以优秀学术带头人为团队负责人,以教育教学研究、技术应用研究和社会科技服务为主要研究方向与内容,组建学术结构合理、学科专业交叉互补,有共同的科研目标和任务而互相承担责任的一个群体组织。组建高职科研团队,是高职院校加强学校内涵建设,加快学科专业建设步伐以及深化产学研合作等活动的基本条件和保障,是高职院校科研走向可持续发展之路的动力和源泉。在实际工作中,科研团队应具有较强的方向性和实践性,因为他们是一支有着明确的研究目标的队伍和具体研究的执行者,是通过课题将他们组织起来的,彼此间分工明确、团结协作,并促使团队成员增强社会责任感与历史使命感。

二、高职院校科研团队的性质与类型

(一)高职院校科研团队的性质

高职院校科研团队与普通高校的科研团队相比,其不同之处在于定位方向侧重点有所区别,高职科研团队以应用性、实践性和服务性研究为主,而普通高校科研团队以基础性和理论性研究为主,这就表明高职科研团队的项目研究,必须依托相关的工程,在此基础上进行实践性的研究,其研究的成果可以直接进行推广和应用。伴随着团队管理理论的不断成熟与发展,科研团队的本质特征由此逐渐显露出来,就高职科研团队而言,其主要性质体现在:

1.科研能力的创新性

科研团队是以学术带头人为主导,以实际工程为依托,以科学创新、技术应用与开发为抓手,组建一支结构合理的研究梯队,技能共享互补,愿为共同的研究目标和内容而互相扶持承担的一个自发的群体组织。

第一,科研团队的研究目标必须是明确的,研究方向必须是新颖独特的。团队的研究目标应该紧密结合当前社会热点和行业领域内重大技术需求或发展前沿的重大问题,具有明确的可操作性、实现性和阶段性的目标。而研究方向必须具有一定的特色,才能保证科研成果具有一定的新颖性和创造性。

第二,科研团队倡导信息共享、互相尊重以及学术民主的研究氛围。通过这种氛围,才能充分发挥每一位成员的创造力和使命责任感,使团队之间的优势互补发挥最大的效用,从而可以避免出现"一言堂"的怪现象,以减少研究失误或误入歧途。

第三,科研团队应该是结构合理、优势互补的一个群体。这里所说的"结构合理、优势互补",是科研团队在研究方向和目标明确的前提下,组成的团队成员其年龄、专业领域、学术特长、人文素养结构合理,其知识结构、思维方式、研发能力、实践经验以及性格特征优势互补。

第四,科研团队的主导者应该具有很强的协调能力和组织能力,能及时把握时代脉搏。主导者作为科研团队的核心人物,其能力强弱将直接影响团队的兴衰。因此主导者必须具备很强的科技创新能力和管理协调能力,同时还要具备良好的人文素养和奉献精神,以及对科技创新的理解,通过激励手段,调动各研究成员的积极性,有效地缓解成员之间的矛盾和不足,使各成员形成一股合力。

第五,科研团队应具有对新技术新产品可持续研发的能力。这是对科研团队最基本的要求以及重要考核指标之一,所有的运行模式与管理机制都应紧紧地围绕着这一目标进行运作,这也是科研团队的核心价值所在。

2.团队成员的相依性

团队成员作为科研团队的一分子,对团队的建设与发展都有一份责任和义务,具有集体荣誉感和归属感,不能因个人原因影响团队发展,以确保团队正常运作。除了具有一般团队的共性外,高职科研团队成员的性质特点总结如下:

(1)互补的能力结构

在高职科研团队中,成员之间关系是平等和谐的,其结合在一起的目的是在能力和知识上得到互惠互助,使得整个团队的聪明才智与能力得到1+1>2的提高或倍增,结构上更加完善与科学。对此,在组建团队时,首要考虑的是团队队员间在专业、结构上要有一定差异性和相同性,能承担和完成重大而复杂科研项目的创新与研究。

(2)协作的行为方式

高职科研团队采用互相协作的研究方式,是作为平等交易行为的主体,是通过自身的价值赢得合作伙伴,来获得外来技术专业能力的补充,实现自身的价值。其实质在于团队成员间的行为是协调性和互补性的,而非从属性和排斥性的。科研团队成员合作是一个密不可分的整体,而不是靠单兵作战的,其价值体现不是靠某一人实现的,而是靠集体智慧一起来完成任务。因此,每个成员不能存在以自我为中心的想法,否则团队将不欢而散。

(3)自主的管理模式

每个成员都有自己独立的思想和思维,但在实际合作管理过程中,不能将个人思想凌驾于团队之上。我们要知道个人的思想和力量是不能和团队比的,虽然没有个人力量是无法有团队力量的,但那是由几个人或无数个人的力量组成的。因此,高职科研团队由于起步晚、基础弱,无法与优秀的科研团队相比较,更应该倡导一个互补互助的组织、学习提高型的组织模式,它的管理模式必然是自主性和自发性的,其主要体现在自主决策、自我管理和共同发展,违背这一定律的个人或单位,就会产生和形成权利圈,这样就无法实施有效的管理。

(4)共享的专业知识

知识是一种无形资产,其本身不能产生价值,只有在使用的情况下才能产生价值,一个人的知识是有限的,怎样让有限的知识产生无限的价值,一直是人们所追求的目标。科研团队就是一个让人发挥知识最大价值的地方,通过大家对知识的共享,产生新的知识与技术,造福社会与人民。因此,科研团队形成开放性的、学习性的、成长性的知识共享机制,使知识共享确保每个人对团队研究任务的完成都负有责任。

3.团队建设的周期性

科研团队是因为科研项目的需要而组建的一种研究小组,根据其组成的目的不同可分为临时性团队和长期性团队两种组建方式,这两种模式均有其存在的必要和需求。

(1)临时性科研团队

临时性团队主要是为了某单一的项目而组建的,在准备申报或立项时需要成立一支能完成该项目研究任务的临时性科研团队,随着科研项目结题或验收,科研团队就自行解体。下一次又根据科研项目的需求重新组建临时性科研团队,这类团队随着项目存在而存在,随着项目结束而解散。因此,此类的科研团队建设周期短,界限又非常明显。

酝酿期是组建高职科研团队的首要前期准备期。此时主要考虑科研项目所涉及的行业领域和自身研究能力以及具体情况进行甄别,判断该项目是否应以团队的形式进行运作,同时积极申报通过各种渠道争取研究经费和设备。

组建期是当项目立项并获得一定资金资助后,科研团队的发起人将根据科研项目研究的实际需要着手组建科研团队,主要以完成该项目研究为标准。该阶段主要包括科研项目的专业知识、能力需求、成员选择、任务分配和经费使用等方面考虑,最终组建实际需要的临时性科研团队。

运作期是科研团队根据科研任务正式进入实施运作的阶段,也是最为关键的阶段。其好坏将直接影响研究能否成功,而发起人在此阶段的主要任务是分配、监督与协调研究过程,并制定相应的激励机制,让成员积极地投入研究任务中去,同时对成员间进行沟通与协调,实现团队知识共享和效益最大化。

解体期是科研团队完成各项科研任务,进行申请结题或验收阶段。此阶段的主要任务是全面总结与分析研究过程经验和综合绩效的考核,同时根据研究任务要求整理成册,并对获得利益进行二次分配,讨论成果推广或后续进一步研究等工作。

(2)长期性科研团队

长期性科研团队,主要是为了解决某一领域系列问题或为某一行业做好长期服务工作而组建的一种科研团队。其研究内容具有可持续性或连贯性,并随着时间的推移其科研团队将逐步壮大,形成具有一定规模的组织群体,在本行业内享有一定声誉,其生命力特别强。此类科研团队是比较成功的科研团队,也是各高校所追求的研究团队。

形成期是组建科研团队的关键期,是从混乱中理顺头绪的阶段。其成败将直接关系到今后科研团队的发展与壮大,此阶段主要考虑科研团队的主要研究目标和方向,获得经费支持的渠道,所需要研究人员的学历、年龄结构,以及采用何种方式合作、分工和组成,同时成立核心决策层,引导科研团队整体运作与发展方向。

凝聚期是科研团队的成员经过一段时间的磨合,逐渐适应了当前团队运作模式,初步达成某种共识,并制定合理的利益分配和任务分配机制,以及对团队成员专业、性格和能力有了初步了解与认识,开始产生共识与激发成员积极参与的阶段。

激化期是科研团队正式开始运作时期。此阶段团队成员可以公开表达不同意见和思想,通过矛盾冲突,去异存同,让团队成员真正融为一体,作为核心引导层。此阶段的主要任务是做好团队发展的整体规划,制定激励机制和分配制度,充分挖掘团队的潜力,发挥他们的创新力和创造力,为更好地完成科研任务管理好科研团队。

丰收期是团队完成了几个项目的研究任务,获取了一定的成就感,也品尝到因互相协作初步带来成果的收获期。该阶段也是科研团队从不成熟到成熟的阶段,科研团队成员之间步入了很好的合作阶段,为后期研究开展得更好做了铺垫,同时对完成更大项目有了充足的底气和资本。

(二)高职院校科研团队的类型

1.按科研团队的研究类型分类

高职院校与普遍高校相比,高职科研团队主要分为科学技术研究科研团队、教学研究科研团队和服务社会科研团队。其中,科学技术研究团队包含科技创新团队、应用研究团队和技术开发团队等,教学研究科研团队包含教育研究团队和教学研究团队,服务社会科研团队包含技术开发团队、技术咨询团队和技术服务团队。

在这些研究类型中,高职院校最常见的类型有:第一,应用研究团队,主要结合实践中存在的问题提出一些对策或应用类的措施研究,以及如何将研发技术应用到实践中去。第二,教学研究团队,现在每所高职院校都成立了不同的教学团队,主要围绕本专业本课程,如何提高应用型人才的培养质量和课堂教学水平,让学生真正学到专业技能知识实现零距离就业。第三,是技术服务团队,主要决定本行业内中小型企业存在的技术问题和生产质量,也为行业主管部门做好行业经济运行分析和相关事务性的研究工作。

2.按科研团队的研究方向分类

按科研团队的研究方向分类,可将高职院校科研团队划分为三类:基础型科研团队、应用型科研团队和研发型科研团队。其特征主要表现在以下几个方面：

（1）基础型科研团队

其研究目标与任务是认识自然现象、探索生产规律、促进科学知识传播与进步，但由于高职院校主要以应用和技术性专业为主，教师以应用与技术方面教学见长，对基础性研究涉及极少，最多只涉及一些人文社科类的基础性研究。因此，在高职院校此类科研团队基本处于一种游离的状态，主要从事一些简单而单一的研究任务。

（2）应用型科研团队

此类团队是高职院校中最常见的一种科研团队，这是由高职院校办学方针、人才培养目标决定的，该团队主要以技术创新、技术应用和技术服务为己任，在科学技术和生产实践中起到了承上启下的作用，再加上该团队人员的实践经验非常丰富，完全有能力将基础研究中的理论成果转化为实践应用技术，同时也为基础研究提供一些实践应用和实证数据，为行业主管部门提供理论支持和实践方案。

（3）研发型科研团队

这类科研团队具有一定的技术性、明确性和实用性，通过对技术产品的改造，提高科技生产力，同时研制新产品、新技术、新方法等。由于高职院校在设备上投入主要用于学生实践技能学习，而专业科研设备投入较少。因此，在高职院校发展研发型科研团队有一定难度，而且也缺乏一定的专业人才，做得相对较好的通常是计算机编程、机械设备等方面，因其投入少、要求低，比较容易出成果。另外，对教学设备研发上还是有所成就的。

3.按科研团队所涉及的专业方向分类

众所周知，每一个科研团队都有其主要的研究专业和方向，按照其所涉及的专业方向进行分类，可将高职院校科研团队分为单一性科研团队和综合性科研团队两种团队。

（1）单一性科研团队

此类科研团队的研究内容与方向仅涉及某一专业或领域的知识，其任务比较单一，而且团队成员均来自同一专业或领域的学科。该类型科研团队成员间虽然具有共同的研究范畴,在学术上基本没有沟通障碍,但由于内容涉及比较单一,只能承担一些小范围的项目,而现在重大项目都要涉及许多专业领域方面的知识,团队很难有所成就或取得较大的成果。

(2)综合性科研团队

这是当前信息与网络社会组建科研团队大势所趋,这类科研团队的研究领域涉及多专业多学科的知识,所以需要由不同专业学科背景的科研人员组成。由于当前科研项目涉及内容广泛,专业要求高、问题复杂,单靠单一人员很难解决此类项目,往往需要来自同一高校或不同高校或不同行业专家进行跨学科领域组建科研团队,来共同承担课题的各项研究任务。

4.按科研团队成员的组建结构分类

随着网络与信息化的快速发展,整体世界越来越小逐步形成一个地球村,人与人之间的交流不再受距离的影响而产生技术障碍,按照现有的组建模式可将高职院校科研团队分为实体型团队、虚拟型团队或网络型团队、虚实结合型团队。

(1)实体型科研团队

该类型团队是指团队成员在同一地点、同一时间内通过面对面的交流、合作与沟通开展科研活动,也是目前最常用的一种科研团队组建方式,其组织边界较为清晰。其主要优势在于大家知根知底,运作起来比较直接方便,可以比较深入地详谈,不足是容易受时间空间的限制,由于每一个成员都有自己的工作,时间安排起来容易冲突,需要专门约定时间,而且不确定因素较多、很难确认。

(2)虚拟型科研团队

该类型团队是指团队成员之间的合作打破了时间与空间的界限,成员间的合作可能从头到尾只闻其声、未曾谋面,而且合作人员因研究需要随时增减,是一种组织边界较为模糊的科研团队组建模式。该类型团队主要是以现代通信与网络为媒介互相联系,合作与交流主要通过电话或网络进行,优势在人员选择方面比较灵活多样,不再受时间和空间限制,不足之处是团队成员集中度较弱,交流起来不是很通畅。

(3)虚实结合型科研团队

该类型团队主要是建立在实体型科研团队的基础上,以虚拟型团队为补充而组建的灵活便利的科研团队。尤其是现在的一些大型科研项目,需要在全国各地邀请专家共同参与,采用面对面交流方式非常不现实,这就需要借助通信或网络进行交流,既免去了来回奔波的辛苦,降低成本,又达到了合作的目的。因此,这类团队合作模式越来越受大家的青睐,有利于科研项目的研究与发展。

第二节　高职院校科研团队存在的问题

建设高水平的高职院校,离不开科学研究水平的提高。随着高校科研发展从个人化向团队化模式的转变,为适应科研的团队化发展趋势,近年来高职院校越来越重视科研团队的建设,以促进科研资源的整合、科研水平的提升。然而,如何加强高职院校科研团队的建设,为科研团队的高效成长营造良好的学术生态环境,却是一个值得研究和探讨的话题。

一、高职院校科研团队建设的作用

高职院校进一步提高自身的核心竞争力,并不断提高科技创新能力和服务社会能力是发展的必然要求,而加强科研团队建设是提高高职院校科研队伍质量、提升科研能力水平的重要途径。具体来说,高职院校科研团队建设的作用表现在以下方面:

(一)攻克高难度课题,发挥科研规模效益

随着高职院校科研实力和水平的日益增长、科研队伍的逐步壮大和政府教育管理部门在科研经费投入方面的支持,越来越多的高职院校教师和科研工作者开始不再局限于校级、市级等难度系数较低的科研课题申报,逐步尝试申报省部级、国家级等高难度、复杂性课题和项目,并着

手承接大型企业和政府部门委托的横向科研任务,原来传统的"单打独斗"模式已经不再适合当前科研工作的需要,跨学科、跨部门、跨院校组建科研团队可以最大限度地集中各类专业技术人才,让具有不同学科背景、知识储备、研究方向、学历层次的成员进行思维碰撞,迸发出更多的智慧之火,通过科学合理的团队结构和详细的团队分工,发挥科研工作的规模效益。

(二)培养团队合作精神,带动科研梯队发展

由于高职院校教师和科研人员均来自不同的高校、企业、政府部门,其学术背景、行业基础、研究经验和学术水平参差不齐,科研团队可以通过共同的、一致性的研究方向和研究目标,将团队成员凝聚在一起,通过召开学术例会、定期组织学术沙龙、鼓励头脑风暴等方式,让团队成员尽快融合,营造出积极、活泼的学术氛围,培养团队合作精神。并通过课题负责人、学科带头人、资深学术专家带动中青年骨干教师、学术爱好者等生力军,形成老中青结构合理的学术科研梯队,推动科研团队可持续、健康发展。

(三)开展科研交流,推动校企合作

高职院校不同于普通本科院校,其应将科研重点放在技能型人才培养、科技成果转化、技术服务咨询等方面,重点服务区域中小企业发展,为用人单位提供高素质技术技能型人才。这就需要高职院校开展跨学科、跨院校交流,通过吸收企业、行业、院校的人才、经验、设备等关键资源,提升科研软实力,实现校企合作、校校合作,避免落入将科研成果束之高阁的窠臼。科研团队作为学术型研发组织,可以与企业、行业保持天然联系,激活办学机制,回归职业教育本质,使高职院校逐步成为行业企业发展的"伴跑者",甚至是"领跑者"。

(四)有利于教师成长

科研团队成员有不同的学术背景、思维方式,在学术探讨、学术交流中通过头脑风暴、智慧碰撞相互借鉴,从中获得创新的灵感和学术的滋养,从而拓宽学术视野,调整自己的研究方法、研究路线,在丰富完善学

术经历中提高自己的研究能力。尤其是青年教师,在科研团队良好学术环境中得到潜移默化的熏陶,身边学术带头人榜样的影响和优秀团队成员的言传身教,鞭策着他们在科学研究的征途上不断进步和成长。

(五)有利于学科交叉

当前科技领域的许多现实问题,需要多学科的协同创新,多学科交叉汇聚与多技术跨界融合将成为常态。科研团队建设能够集聚不同学科背景的各类人才,打破学科界限,为学科的交叉、渗透与融合提供科研平台。团队成员之间通过多学科的观点和研究方法的学习与借鉴,挖掘本学科领域新的研究视角,用新的研究方法解决本学科领域的问题。在多学科优势的集聚中,凝练具有特色的科研团队研究方向。此外,学科的交叉融合渗透,还有利于新学科的增长,可为创新成果的培育和产出拓展空间[①]。

(六)有利于改革科研组织模式

建立跨院系、跨学校与企业合作的研究团队,有利于改变科研水平不高、科研力量分散、科研"单打独斗"的状况,有利于创造适宜科研人才成长的良好环境,提高高职院校整体科技创新能力。科研团队的科研水平将远高于个体成员的综合,有组织形成的科研团队,不仅能整合学术资源,而且能发挥集体智慧,通过明确的目标、合理的分工、有效的组织,产出高水平的科研成果。

二、影响高职院校科研团队建设的关键因素

(一)研究目标和方向

明确的研究方向和目标是科研团队进行系统化研究的前提和基础,高职院校科研团队需要立足于区域经济发展需要和行业、企业成长中的现实困境,在经过充分调研的基础上,科研团队协调不同学科背景、研究基础、学历层次的研究人员和校外专家,统一研究方向,集中人力、经费等有限资源,攻克科研难题。稳定的研究方向和清晰的研究目标是优秀

---

①王秀清.高职院校科研团队建设中存在的问题与对策[J].职业时空,2011,07(2):9-10.

科研团队必备的要求,也是团队开展课题研究,承接行业企业项目的基础。

(二)团队文化和凝聚力

高职院校科研团队要想正常运转,完成科学研究的职能,离不开积极向上、民主自由的团队文化。良好的团队文化可以增强科研团队凝聚力和战斗力,加速团队成员融合,提升科研效率,增加团队科研成果输出。虽然科研团队由不同年龄、学历的人员和不同的学院结构组成,但良好的团队文化可以充分调动每个研究人员的积极性,发挥课题负责人或学科带头人的影响力和号召力,让每一位成员感受到来自团队的关心和他人的尊重,有利于推动科研工作协调可持续进行。

(三)团队平台建设

高职院校科研团队既要为本校科研工作服务,也要为地方区域经济发展提供智力支持。随着改革开放的不断深入,当前社会经济领域所面临的问题日趋复杂,不再是单一学科可以化解的,需要多学科、跨领域分析问题,院校、企业、行业协会、政府部门等都成为高职院校开展科研工作的主体。高职院校组建科研团队时,可以打破组织间的壁垒,邀请校外的专家、学者参与到科研团队中,集思广益,打造学科交叉型科研团队,实现团队成员学术背景、专业技术职称、科研经历和年龄结构合理组合的格局。打造校企合作、校校合作科研平台,一方面从校外引进高级管理和技术人才,让高职院校的科研工作更加"接地气";另一方面,鼓励校内科研人员去企业调研,促进高职院校科研成果转化。

(四)团队组织结构

多元化的科研团队有利于对学术问题进行全方位、多角度分析,从不同学科角度提出方案和解决路径,是当下高职院校科研团队组建的主要方向。在组建科研团队时,课题负责人应当注意团队成员在学科背景、知识结构、能力水平、研究领域、职称学历等方面具有一定的差异性和互补性,根据在团队中的不同分工扮演好自己的角色,鼓励学科带头人或者经验丰富、高职称、高学历的科研人员指导青年教师从事科研工作,形成结构合理、分工明确、各司其职的科研团队组织结构。

（五）团队人才培养

具有扎实理论功底和丰富实践能力的科研人员是建设特色高水平职业院校的中坚力量，因此必须加强对高职院校科研人员的培养，通过科研团队孵化、校外人才引进等方式，联合企业、行业等多主体共同建设科研人才培养机制。一方面，对校内不同学科人才进行培育，通过继续学习、外出访学、企业实践等方式，提升教师科研素质，制定科研奖励政策，鼓励科研成果产出，将科研工作摆在和教学同等重要的位置；另一方面，加强对校外高水平专业技术人员的引进，高职院校制定配套措施，让引进的人才进得来、留得住，通过"鲶鱼效应"激发校内科研人员的研发热情，使高职院校科研团队研究内容和成果能够"接地气"，解决企业、行业在生产经营中遇到的实际困难和问题，促进"产学研用"一体化发展。

三、高职院校科研团队存在问题

在建设科研团队的过程中，高职院校积极作为，不断探索有效路径和方法，取得了一定的成效。科研团队的成立切实助推了科研项目的立项、学术论文的发表、知识产权的授权、横向服务合同的签订，但在建设过程中还存在明显的短板，主要体现在以下几个方面：

（一）研究方向分散

高职院校因为缺少学科建设，所以更重视专业和课程建设。在师资引进上对学科背景的系统化设计不足，导致教师的学科背景和研究兴趣有所不同，从而使高职院校的科研团队凝练研究方向、形成研究合力有难度。由于高职院校科研团队的成果只停留在简单累加个人研究兴趣产生的研究成果上，因此难以形成具有系统性的成果。

（二）研究目标设计不合理

由于对科研团队建设的长远目标认识不够清晰，缺乏顶层设计，拘泥于完成考核任务，对如何形成特色的研究方向思考不足，因此产出的成果与研究方向的契合度不高，成果的研究方向不稳定，研究目标设定与团队成员力量不匹配,偏多偏杂,难以形成稳定的研究领域。

(三)合格的团队负责人缺乏

在科研团队考核验收中我们发现,团队的研究成果呈零散性,利用团队力量共同完成的创新成果较少,这与高职院校缺乏合格的科研团队负责人以及团队负责人的核心作用发挥不充分有着密切的关系。高职院校科研团队负责人制订正确、合理的团队研究目标的学术能力不足,无法甄别出合适的科学问题,导致团队的科学研究无法正常系统地进行下去。

(四)团队内部运行机制缺失

科研团队建设初期忽略了内部制度的建立,正常运行的机制没有形成,有的团队一个学期只有一次团队成员集中研讨的时间,团队的学术氛围不够浓厚、学术交流较少,这样不利于团队成员之间学术思想的碰撞、学术优势的互补,科研团队的团队文化、团队成员的团队精神更是难以形成。

(五)科研时间无法保障

如何合理处理好教学与科研的关系,协调好教学任务与科研任务的权重,是影响科研团队建设的重要因素。高职院校教师教学任务繁重,同时又缺少如同本科院校那样的研究生加入团队,团队成员用于科研团队建设任务的时间和精力有限,从而影响了团队建设的稳定性、持续性,科研团队的成果产出不尽如人意。

四、高职院校科研团队建设问题归因

(一)科研团队组建缺乏规划

高职院校的科研团队通常以学院为依托组建而成,组建时较少从学校层面考虑团队之间的协同关系和学校的科研主攻方向,也未能结合产业发展需求有目标、有意识地组建团队。在实践中,团队建设往往存在一定的竞争,一些学院不经系统论证而随意搭建团队,无论是否合适都将所有专业老师纳入其中,并不能形成集群效应,更难以形成精准的研究领域和取得创新性成果。因此,自主创新能力提升无从谈起。

(二)团队管理缺乏学术性

科研团队是学术机构,应采用学术管理的方式,而在高职院校科研团队的管理中却往往会出现用行政管理机构的操作程序来履行学术管理机构职能的情况,是通过给学院下指标任务数量来组建科研团队,而不是尊重科研的规律,以真问题的研究为导向来建设团队。行政主导的因素过多,导致团队不稳定,影响团队凝聚力的发挥。科研管理部门实行的"放管服"不到位,使行政权力在学术管理中的作用过大,制约了团队功能发挥和团队的生命力。

(三)评价考核机制不健全

在调研高职院校关于科研团队建设与管理办法中我们发现,对科研团队的考核通常是以论文、著作的等级和数量以及到账科研经费的多寡作为考核标准。同时,考核中没有明确每位成员的考核目标,而团队的成绩实际是团队成员共同努力的结果,单个成员的绩效无法替代整个团队的研究成绩。但是,在高职院校科研团队建设中往往会出现单个成员成绩特别突出,而有的成员却无任何成果的现状,这使得能力突出的团队成员会认为自己的成绩被稀释了,会导致出现懒散的不正常团队氛围,这样不仅影响团队成员的积极性,而且会使团队的发展受到限制。

第三节　高职院校科研团队管理的策略

一、高职院校科研团队管理的基本要素

高职院校科研团队成立后,如何对其管理尤为关键。从系统论观点来讲,可将管理的基本要素分为精神层面的目标、愿景、组织结构、制度、文化等。此外,也包括科研经费、仪器设备及其他平台等实质性构成要素。在这样一个由精神和实质性要件构成的有机系统中,相互信任是增

强团队凝聚力、促进团队良性运行的基础。作为一个开放的系统,高职院校科研团队具有其生命周期——可持续发展的轨迹。下面对创新团队管理体系略作分析。

(一)高职院校科研团队管理的精神要素

1.共同愿景与目标

共同愿景是团队成员对所在团队长远发展的愿望及对未来的憧憬,是团队发展方向及战略定位的具体体现。共同愿景渗入团队的各个层面,从而创造出协调一致、共同进步的景象。因此,共同愿景可以为团队的发展提供强大而持续的动力。团队目标是共同愿景现实性、近期性的体现,有助于团队信任关系的构建和凝聚力的提升。因此,团队应确立明确而清晰的组织目标,使目标能够逐步实现。这样,一方面可以使团队的计划更具体,便于落实;另一方面,随着每一阶段目标的实现,团队成员也逐渐增强对本团队的信心和认同。

2.组织结构与制度

组织结构是团队中任务分配、资源配置、成员互动等最基本的、稳定的网络结构。创新团队中的任务、资源、利益和责任等配置,均要通过组织结构来实现。因此,组织结构对科研团队具有重要的规范、约束和促进作用。另外,科研团队还要制定相应的管理措施,以此指导和约束成员行为,使得每个成员的行为符合团队的总体要求。

3.团队文化

一般说来,团队文化主要指团队成员为了完成共同目标而相互合作、相互影响形成的一种文化。团队文化是潜在的,是社会文化与团队实践相融合的产物,是在团队负责人的倡导下,由团队的制度规范以及成员对本团队基本的、有意义的价值和行为符号的理解共同构成。团队文化贯穿于团队活动的诸多方面和整个过程,对团队所有成员的观念与行为都具有强烈的约束与激励作用。因此,构建有效的团队文化是吸引人才、凝聚合力、增强创新能力的关键。

(二)高职院校科研团队的实质性要素

1.团队人员

科研团队人员是价值观念、心智模式和知识技能的承载者,是科研团队的根基,也是科研活动的主体。从一定意义上讲,科研团队要构建合作文化、提升科研能力,关键是拥有一批心胸开阔、能力超群、视野开阔的研究人员。

2.科研经费

科研经费是开展创新活动的支持性条件。研究活动能够顺利进行,成员参加各种学习交流活动,购置各种设备,购买各种资料等,都需要充裕的经费支撑。

3.平台条件

平台条件是科研团队的物质保障,科研团队需要各种科研仪器、设备设施以及各种科学数据、文献资料、科技资源等,这些是科学研究的基础。因此,建设科研团队时,应该侧重这方面的建设。

二、高职院校科研团队管理的主要路径

(一)目标管理

目标管理是根据所设置的目标进行的管理。目标管理是由总体目标引导各个成员确定各自的分目标和个体目标,并据此制订行动方案,组织实施,定期进行考核管理。高职院校对科研团队实行目标管理,首先要确定学校总的科研目标,然后转化为科研团队的具体目标,主要包括团队的总目标、项目目标、科研人员的个人目标等,并将科研绩效作为考核科研人员的目标达成度的具体标准。高职院校的科研目标、团队的科研目标对科研团队的科研工作具有指导和推动作用。它不仅是科研团队工作的基本指向,也是提高科研团队凝聚力的催化剂,能激发科研人员的积极性和创造力。高职院校科研团队实行目标管理,其科研工作能沿着正确的轨道顺利前进。实行目标绩效管理,一要明确目标,二要统一目标,三要管理目标。

1.明确目标

高职院校有必要根据国家经济社会发展的基本情况、科研方针与政策以及自身的科研状况,准确定位学校的科研工作,由此确定本校的科研目标,包括对科研团队的管理与建设。各科研团队应当根据学校的总体科研目标以及团队的研究基础与优势,确定本团队的科研目标。这样的团队目标比较符合时代需要和学校的校情,对团队科研工作具有较好的引导、推动作用。因此,确定符合国情、校情、队情的科研目标,便成为高职院校科研团队建设的关键。

2.统一目标

高职院校科研团队的科研目标确定好后,应根据团队的总目标层层分解,可分解为阶段性目标、各课题组目标、研究人员个人目标等。这样才能使团队全体人员齐心协力,自觉地朝着共同的目标前进,并为实现阶段性目标以及本课题组的目标而努力工作,充分发挥自身能力,圆满完成团队的科研任务。

3.管理目标

在实现科研目标的过程中,团队应采用科学的管理方法和措施。对科研目标的管理,一要定期——定期检查各团队、各课题及个人目标的执行情况。二要严格——要及时纠正偏离目标的行为,对不执行目标者,尤其是违反国家科技方针政策者,要给予严肃处理。这样才能保证科研工作始终朝着既定的目标迈进。

(二)信息沟通

信息沟通是为了使科研团队各子系统和所有要素能更好地协同运行,最大限度地发挥整体功能所采取的一切交流及沟通方式。有效的信息沟通是科研团队成功实现目标的基础。它渗透到科研活动的整个过程,把团队成员密切联系在一起。要真正实现目标管理,只有在团队内外进行充分、深入、有效的相互沟通和交流的基础上,使团队成员或管理者清晰地理解、认同和接收信息,并且转化为团队成员的自觉行为时,才能彰显其意义。实现有效的信息沟通,须做好以下几项工作:

1.明确团队沟通原则

第一,团队管理者需要充分认识沟通的重要性,认识到与团队成员进行沟通,是实现团队目标的前提。

第二,管理者要明白沟通是一种开放式的沟通,是在各主体平等基础上的双向沟通。实践表明,单一的自上而下的沟通效果不好,只有采取自上而下与自下而上结合的沟通方式,才能获得最佳效果。

第三,一定要重视面对面的沟通。实践表明,互联网能够节省人们日常信息交流时间,却不适于个人化信息的交流,因为面对面交流具有丰富、感性、生动的特点,而这些正是作为一个卓有成效的管理者所必需的。

2.制订沟通计划

在科研团队中,有效的沟通可以提高成员对团队的责任心,增强他们的归属感。在市场竞争压力下,管理者与成员、成员与成员之间的及时沟通和交流通常被忽视。一般情况下,如果不创设沟通情境,人们就不可能主动进行交流,本该用来沟通的时间通常会被其他事情占据。因此,能否制订出完善可行的沟通计划事关团队目标的达成。沟通计划一般应包括如下元素:内容、对象、方式、时间、渠道、目标。沟通计划的制订责任主要由团队的组织者或小组领导人来承担,团队成员相应配合和执行。需要注意的是,沟通要因地制宜、因人而异。另外,对于团队沟通,管理者要因人、因时、因需安排,做到长、短期规划相结合。

3.恰当安排沟通各环节

第一,要让团队成员明晰团队的含义和团队的基本要求,信息互通。

第二,组织团队成员参加一些集体活动,传授沟通技巧,提高成员的人际沟通能力,减少人际冲突。

第三,当沟通出现问题时,要分析其产生的根源,探讨解决办法。切忌用物质或其他简单的奖惩措施对待成员,应把团队的使命和目标内化为成员的使命和责任。因为经济报酬和奖金虽然重要,但不是万能的,使用不当会起反作用。

(三)资源管理

资源管理是从整体上把握科研团队运行状况。科研团队若要有效运行就需要具备两种资源：人力和物力。其中：人力资源管理包括四个方面——活力、控制、专业知识、影响力。物力资源包括设备和资金，科研团队的管理人员必须熟悉自身资源，既要了解自己有什么资源，还要了解有多少是可用资源。

1.人力资源

现代社会中的人力资源越来越引起人们的关注，对科研团队的影响非常大。考察科研团队的资源，最重要的是看其活力如何。因此，要了解一个科研团队有什么活力、能够支配多少活力、活力的来源、可能受到什么阻碍、应该怎样才能更有效地发挥活力等。活力是一个科研团队宝贵的资源，有活力方有动力，才能出成果。活力的形式多种多样，有的很容易观察到，有的则深藏不露。通常情况下可以从热情、主动精神、人际关系等几个方面判断团队的活力程度。如科研团队成员之间是否积极思考、是否有想法、是否有创造性的想法，成员是否融洽相处、能否相互鼓励等。

团队如何发挥自己所能支配的活力的能力，是评价科研团队的主要资源。而活力需要控制和管理。控制包括自我控制以及对运行方法的控制，所谓自我控制是指为了团队和其他成员的需要，能够控制自身活力和情绪的程度；而运行方法的控制是指科研团队为了有效达成目标而管理其运作方法的能力水平。活力和控制是相辅相成的，两者达到适当平衡时团队才能很好地运作，团队的活力越强就越有控制的必要。

专业知识。一般来说，科研团队的专业知识没有多大问题，所缺的是管理运作方法的知识，这在一定程度上会弱化对活力的控制能力。影响力。在科研团队决策和贯彻执行这些决策的时候，影响力是科研团队发挥能力的一个关键因素。就内部而言，指那些有影响力的人，他们的专业知识与影响力是否相称等；就外部而言，指他们在科研团队外部具有怎样的影响力以及这些影响力是如何影响内部成员的。

2.物力资源

物力资源主要包括科研经费和仪器设备。就科研经费而言,目前在科研经费使用方面主要存在的问题是科研人员获得课题资助之后,直接用于科研的经费相对不足。一方面由于课题经费本来有限,加之一些单位财务管理不严,一个项目多头申报,研究内容相似,用多个项目的经费来完成同一课题。另一方面,研究缺乏创新,重复研究多,耗费了大量资源,科研与科技开发混在一起,以科技开发的名义变相转移科研经费,为小集团和个人谋利益。

仪器设备方面存在的主要问题是仪器设备分散采购、重复购置。有些单位通常从自身利益考虑,不经上级主管部门同意就自己花钱采购仪器设备。具体来说,一是把握不准价格,花费过多的钱购买了性能一般的设备。二是主管部门不能随时掌握各单位仪器设备的建设情况,通常同型号的仪器重复采购,形成过剩情况。三是开放程度不够,单位之间沟通不畅,一些仪器设备虽然在本单位或本课题组是开放的,但是单位之间由于种种原因,不能相互利用。四是仪器设备陈旧,专业维护人员少,无法满足正常科研工作的需要,影响了科研进度。因此,搭建科研平台显得尤其重要。依靠现有优势学科,打破行政单位的界限,以重点实验室为支撑,以学科为纽带,以人才为基础,以取得科研成果为目标,整合现有人员、技术、仪器设备等资源,形成研究方向明确、人员梯队合理、仪器设备配套、特色明显的科研平台。以科研平台确定研究方向,以科研平台打造科研人才,以科研平台合理规划,相对集中仪器设备、科研资料,最大限度地发挥使用效率。

3.绩效管理

绩效管理体系的设计应该是双向沟通的。评估主体与客体必须就评价结果进行积极的沟通,并将沟通作为持续改进循环体系中的一个环节,反馈的意义在于引导科研团队成员明白努力的方向、明确绩效不理想的原因。对于一个良好的绩效评价体系来说,需要得到团队成员的理解和配合,才有助于该评价体系的实施,团队成员才能感受到绩效评价体系的公平、公正。因此,要让团队成员清楚该评价体系是如何运作的、对自己和他人的意义何在、自己和他人在团队中的工作效能怎么样等。

反馈绩效结果通常有两种形式,即文件沟通和面谈。文件沟通又可分为公示和通知团队成员个人两种做法。对于公示,需慎重使用,并要充分考虑其中的法律因素。工作绩效被评为优秀的团队集体或个人,无论是对团队还是对个体,都是一个积极信号,不仅当事人本身得到鼓励,而且团队其他成员也会把其作为自己奋斗的目标。但是,公示绩效不佳的团队成员名单,对团队成员个人可能就是一种打击,意志薄弱者也许会一蹶不振;同时对团队其他成员也会造成一种紧张和不安情绪,影响其工作心态,甚至可能引发团队成员对绩效评价体系的反感,从而产生负面效果。因此,最好不采用公示绩效评价结果不佳的团队成员名单的方式,而应私下里告知其结果,督促其改进[1]。

面谈是效果较好的反馈方式,是真正的双向沟通,体现了发展性评价模式的优点,能引导团队成员关注未来绩效的改善,而不只是注意先前绩效的评价结果对自身利益的影响。为了提升团队成员对绩效的满意度,更好地实现成员个体发展,面谈时要引导团队成员设定恰当的个人目标,进行充分讨论,并商讨下一步的努力方向。在反馈面谈中,上级和团队成员要以事实为依据,以理服人,而不能主观臆断,尽量做到正面评价。在面谈中,评价主体可以拉近上下级之间的工作关系,被评价者不但可以更客观地从上级主体那里了解到自己工作的情况,而且还可以争取更多的资源发展自己,争取在下次绩效评估中取得好成绩。

三、高职院校科研团队管理机制创新

(一)建立长效的管理机制

高职院校科研团队建设并非朝夕之事,需要建立一种长效的管理机制。团队建设的优化与管理措施主要有激励机制、纠正偏离目标的机制、促进既定目标顺利实现的机制、绩效考核机制、分配机制以及学术规范机制等。第一,高职院校建立激励机制时,要有全局思想,着眼大局利

---

[1]潘婧璇. 高职院校"双师型"教师专业发展策略研究[D]. 桂林:广西师范大学,2018: 17-23.

益,要考虑整体利益,建立的奖惩措施要能有效激发团队成员的内在潜力,调动其积极性并发挥其创造性;第二,高职院校要根据不同学科的性质和特点,实施分层、分类、分角色评价,注重对科研成果质量的考核;第三,建立科学、合理、权威、规范的绩效管理,其前提是必须拥有民主、自由、公平、开放的分配政策,科学有效的分配机制对团队成员的责、权、利是明确的。

(二)创新行政管理体制,设立科研团队组建与管理的绿色通道

管理不仅仅是监督、评价,更意味着价值引导。有什么样的管理体制,就有相应的团队组织;有什么样的管理观念,就有对应的管理行为。因此,要真正建立起高职院校科研团队,需要在如下三个方面做出转变:第一,必须转变现有的管理观念,创新管理机制,变管理为服务,为科研团队的生根发芽创造适宜的土壤。第二,要弱化科研团队的行政隶属性质,还原其学术组织本性,变管理为服务;要用团队的成果或者切实的研究设想来申请资金或资助。第三,省级部门和学校科研部门要为科研团队的申请与制度建设开设绿色通道,去掉不必要的门槛和非必需的条件,全力配合,积极支持。

(三)形成良好的沟通协调机制

团队成员沟通顺畅是团队合作的基础,团队本质上是因某种特定目标而存在的人际互动系统,成员间良好的信息沟通可以实现优势互补,从而更好地实现团队目标。美国经济学家约瑟夫·熊彼特指出,创造性的破坏是一种创新。这种破坏通常是在各种观点的碰撞下产生的,本质上是知识冲突引发了创新。下面从三个层面来说明。

1.学校层面

该层面要打破内部学科分割的格局,跨越学科界限,推行多学科交叉,构建学校层面的科研创新平台,去除研究力量分散、研究资源利用率低和重复率高的弊端,加速知识融合和交流。

2.团队层面

团队成员间的平等关系是知识碰撞的组织基础,在平等基础上充分

交流,要鼓励观点争论,积极营造团队成员间坦诚相待、相互包容、相互尊重、团结协作的交流与合作机制,使团队成员的意见、困惑或诉求畅通表达,及时消除内部不和谐因素,提高成员对组织的认同感。

3.个人层面

团队成员要主动与他人沟通联络,勇于表达不同的观点,但要始于问题、止于问题,尤其是负责人、带头人更应以身作则,不能以势压人,将自己的观点强加于人。

(四)建立合理的运行机制

高职院校科研团队应该坚持教学与科研相结合。高职院校由于平台不高,能够申请的课题有限,参与社会服务的层次不高,这就决定了团队并非完全单一的研究团队。加之高职院校经费紧张,有限的经费更多用于教学和日常支出,教师资源也比较紧缺。因此,除科研任务之外,高职院校科研团队应当承担相应教学任务。一方面通过教学可以弥补科研任务的不足,使科研团队实现两轮驱动;另一方面让教学活动成为激发科研问题的重要实践基础,同时将科研成果有效转化为教学内容,从而促进教学和科研两大职能的良性互动。这样,科研团队才更有生机和活力。

(五)建立符合高职院校科研团队人员诉求的权益保障机制

科研团队在运行过程中,利益冲突难免,如何处理团队成员的诉求、保障其权益,也是需要认真考虑的事项。

1.建立学术带头人遴选机制

一个优秀的学者,不一定是优秀的管理者;一个优秀的学术带头人,也不一定是科研团队的优秀领导者。目前的学术带头人遴选机制简单地以学者的学术资历和行政工作经历作为标准,极可能导致一系列的团队管理问题。当然,也不排除有的学术带头人可以胜任科研团队带头人工作,但学术带头人的经历并不是成为科研团队带头人的主要条件。因此,应认真研究遴选机制,保证真正具有学术凝聚力和团队组织力的人成为团队领导者。

2.出台学术带头人权力责任制度

科研团队应明确学术带头人在人、财、物方面的调配权以及其应承担的责任,使责任与权力对等,确保其在团队管理和运行中起到核心引领作用。

3.配套团队人员激励机制

科研团队应充分考虑团队成员的个人价值实现与在团队创新中贡献的对等性,在评优、报酬、评职上给予明确鼓励,激发团队成员的工作热情。

(六)建立科学合理的同行评议机制

目前科研团队获得资助的主要途径是课题申报,有了科研课题才有科研经费。然而目前的课题评议、核准和验收,均由上级行政机构组织管理,高职院校科研团队在省域内的课题申请和评议由于范围有限,有可能形成利益链,因此应该打破现有的利益格局,改变评价机制和标准,课题论证和成果评价应以同行评议为主,以创新为主要标准,行政部门只实施监督管理,不具体参与评价。

四、培育有利于激发团队成员创新活力的文化氛围

(一)认识和回应团队成员的个体目标

团队成员的工作,既有出自个人发展需要的工作,也有团队安排布置的职责和任务。一个效率高的科研团队,必定是一个能将个人工作与团队任务、个人目标与团队目标、个体利益与整体利益相统一的共同体。唯有如此,才能避免团队成员时间、精力上的矛盾,也才能更好地激发和满足团队成员的成就需要。为达此目的,需要做好以下两个方面的工作:

第一,团队管理者要充分认识到来自不同单位的团队成员的发展诉求,即便来自同一单位的成员,处于不同职业生涯发展阶段,也可能会有不同的发展目标。因此,理解并尊重团队成员的个人诉求,是调动其参与创新积极性的前提条件。

第二,团队管理者要与团队成员共同参与构建发展目标。团队管理者既要向所有团队成员清楚地诠释团队发展的应然愿景,又要注意聆听

每一位团队成员的个人发展诉求,理解其实发状况,要以引导、协商等方式帮助每一位团队成员找准自己的工作角色和目标定位,从而使团队目标与个人目标融为一体,使个人目标与团队目标高度一致,才能有效提高高职院校科研团队的工作效率。

(二)以制度建设为手段,培育科研创新文化

科研制度建设的重点是构建以下三个机制:

1.管理机制

随着时间的推移以及创新团队的不断发展,原有的管理制度有可能不适应现在的形势,这就需要改革。创新团队要将科研创新管理制度具体化为科研创新管理机制,通过机制建设理清科研创新工作的思路,完善科研立项、项目实施、成果鉴定、成果结题、经费报销等方面的管理机制。

2.评价机制

科研活动的价值何在、成果的水平如何、意义如何,都要通过评价来体现。评价可以是定性的,当然也需要定量的分析。对高职院校科研的评价,应以创新为导向,以科研创新成果的应用、转化、推广为目的,支持创新团队积极开展横向、纵向研究,实现多元化的评价标准。

3.成果转化机制

成果转化是科技与经济结合的关键。一项科研成果问世后,如果不推广应用,也是无效的成果。所以,要构建科技成果转化的市场导向机制,打造有利于成果转化的制度和环境。第一,建立一批公共技术平台,推进研究成果直接应用于企业生产;第二,发挥科研人员的作用,引导他们走进生产第一线,为中、小、微型企业提供技术创新服务;第三,加强对科研成果的开发,并对科研成果转化水平进行有效评估,进而调整科研资金的投入比率,使研发投入落到实处。这种机制能把科学研究与市场需求紧密结合起来,形成产、学、研协同创新的效果。科研人员不断适应市场需求,把自身研究领域与市场需求紧密相连,开展更多实用性强的项目研究。

在加强制度建设的同时,高职院校科研团队建设过程中还需重视对创新文化的培育。加强团队文化建设,增强科研团队的文化凝聚力,使团队成员能够在相互平等、开放、信任、坦诚、友好的基础上交流沟通。唯有如此,科研团队才能真正地发挥其应有的积极作用。

(三)营造宽松愉悦的团队工作氛围

高职院校科研团队成员均有较高的民主、自主意识,主要表现为具有不受他人控制的诉求及参与团队发展的需求。这就需要在总体制度框架之下,团队成员能根据自己的职责决定在工作中做什么、怎么做以及搞清为什么要做。基于此,要根据科研行业、科研单位、科研人员的特点,创造宽松愉悦的内部环境,使科研人员能够更好地集中心思、专注主业。

在团队中营造既注重改善条件又注重精神关怀的科研文化氛围。高职院校应重视和加强科技创新所需的软、硬件建设,切实为科技创新创造良好的物质条件。注重通过对科研人员的思想关心、心理关照、人文关怀等,及时发现和帮助解决牵扯科研人员思想精力的各种后顾之忧和现实难题,真情实意地为科研人员的身心健康和成长进步搞好服务保障,不断激发科研人员锐意创新的勇气、敢为人先的锐气、蓬勃向上的朝气,切实吸引和鼓舞人人都来争当科技创新的推动者、实践者。

构建工作氛围的具体做法很多,这里只对在团队中保持尊重和自由做一些分析。在科研团队建设进程中,尊重有两层含义:一是团队领导对团队成员的尊重,团队领导应成为道德型领导,强化自身在团队建设中的引领和示范作用,促使团队成员主动参与、自觉分享团队发展的责任。团队领导应有意识地采取民主型领导方式,在团队决策上共商共议,力求最大限度地听取成员的意见,切忌独断专行。这样可以使得成员之间更友好,成员间的情感更融洽,思想更活跃,凝聚力更强。二是团队成员之间的相互尊重。团队领导要帮助来自不同单位的团队成员,自觉克服"文人相轻""同行是冤家"的心理,充分认识到彼此在团队中的作用和价值,促使团队成员认识到团队中有权威,但权威不能是"威权",要让团队成员学会尊重对方的工作。团队成员的自由,是实现高职院校科研创新的保障性条件,团队成员的自由包括身体自由和思想自由,身体的自由可以通过建立弹性工作时间管理制度来实现。创新需要发散思维,需要标新立异。高职院校科研团队建设过程中要给予团队成员思想的自由。为此,团队领导应把团队制度制定的重点放在原则性的规定上,避免对工作任务、工作要求规定得过多过细,束缚团队成员的思想,压抑其创新火花。

(四)构建紧密、和谐的团队人际关系

和谐的人际关系犹如催化剂、润滑剂,可以激发成员的斗志,增加成员间的默契,从而提高团队的工作效率,从此意义上讲,构建良好的团队人际关系很有必要。成就需要理论认为,人有亲和需要,有建立和谐人际关系的诉求。高职院校科研团队是成员生命成长的平台,理应注重成员精神需要。从现实情况看,一方面,一些高职院校创新团队内部缺少精神激励的有效措施;另一方面,团队成员的相互情感交流也不充分,流于形式。由于团队成员来自不同单位,多通过邮件、电话等现代通信手段联系,这种空间上的疏离容易导致团队成员彼此情感上的疏远和隔阂,也会造成团队成员尤其是来自不同单位的成员在工作上合作与交流的障碍。

基于此,为构建和谐、平等的人际关系,高职院校创新团队的组织管理者可以通过以下两种方式来推动团队内部的情感交流。一是搭建平台。作为主导者的高职院校应依据创新课题的需要,在团队内部搭建混合式平台,对来自不同单位的人员进行混合式编组,给予团队成员更多相互交流、相互学习的机会。二是建立定期会议、定期交流制度。高职院校科研团队要给予团队成员更多跨单位、跨学科的交流机会,这种交流不仅仅局限于学术层面,还应延伸到生活和情感层面,从而促使高职院校科研团队成为一个相互合作、相互协调的有机整体,进而提升团队创新的成效。

(五)建立公平公正的工作环境

每个成员都希望在公平公正的团队环境中工作,因为公平公正可以

使成员相信付出多少就会有多少回报,相信自身价值在团队中能得到公正的评价,从而养成诚信踏实的工作作风。

高职院校科研团队可以从以下三个方面建立公平公正的工作环境:一是报酬系统的公平。要制定有利于调动和保护大多数人积极性的政策,充分体现按劳分配为主,效率优先、兼顾公平的分配原则,突出投入产出的效率原则。同时,正激励手段的使用应多于作为负激励手段的惩罚,奖罚分明,重奖有突出贡献者。二是绩效考核的公平。要运用科学的考核标准和方法,对成员的绩效进行定期考评。制定科学合理的绩效考核办法和考核标准,对成员的实际工作进行定性考核和定量测定,并做到真实具体;对每个成员进行客观公正的评判,建立各种监督机制,以保证考核工作的公开和公正。三是选拔机会的公平。为了使各种人才脱颖而出,在成员的选拔任用上,应做到文凭与水平兼顾、专业与专长兼顾、现有能力与潜在能力兼顾,为各类人员提供公平的竞争舞台。团队管理若能在各方面都做到公平公正,将大大提高成员的满意度,激发其内心深处的潜能,从而为团队不遗余力地奉献才智。

第四节　高职院校科研团队的建设策略

一、高职院校建设科研团队的一般路径

(一)树立团队目标

团队是一个具有共同目标的群体,所以高职院校组建科研团队的前提条件是团队成员之间存在共同的需求。一个目标明确的科研团队能迅速地将具有共同需求和价值追求的个体凝聚在一起,形成真正的团队,从而更有效地促进个体和团队的目标实现。

一个有效的团队目标必须满足四个基础条件:第一,目标必须是明确的,明确的团队目标可以使个体达成共识;第二,目标必须是具有价值的,根据动机理论,价值越高动机水平也就越高,从而才能更好地激励团

队成员；第三，目标必须是可以通过努力达成的，不可能达成的目标对团队来说是毫无意义的；第四，目标必须是全体团队成员达成共识的，不一致的目标可能产生破坏性的冲突。

(二)明确团队角色定位

高职院校科研团队的角色定位一般有四种：一是团队负责人，主要负责团队的建设，一般具有战略和战略管理能力，对内能够凝聚团队成员，对外能够把握各种有利于团队发展的机会；二是团队骨干成员，主要负责完成团队分配的科研任务，需要有深厚的专业知识和科研能力；三是科研辅助人员，主要协助处理团队的一般事务，需要具有良好的沟通能力和协调能力；四是企业专家，主要反馈市场需求和协调科研成果转化，需要深厚的洞察力和实践能力。

(三)招募团队成员

科研团队组织者必须了解团队每个角色定位的特点，根据团队不同角色定位招募不同个性的团队成员。团队组织者同时也要了解每个招募来的团队成员的个性，使团队成员的个性与团队角色定位相一致，只有把具有不同才能的人放到合理的位置才能发挥最大的效能，否则有可能投入和产出不会形成正比。科研团队成员招募的途径有多种：一是以共同目标来吸引和招募团队成员；二是以团队成员的人际关系来吸引和招募成员；三是以团队成员的名气来吸引和招募成员。不管采用什么方式，都是应该在自愿的前提下进行，这样才能最大化地调动团队个体的积极性和主动性。

(四)制订团队计划

团队计划就是确定团队成员如何开展工作。主要包含六个方面的工作：一是明确团队的职责和权限，二是制订团队活动方案，三是分配团队任务，四是配置团队相关资源，五是界定团队任务完成，六是激励和评价团队成员。

(五)分析和诊断问题

团队组织者要定期对科研团队的运行状态进行评估，总结阶段性的成绩和查找不足,分析团队目前的优势和劣势,从中不断总结经验和先进做法,有序地推动制度创新和改革,形成科学的团队规范和优秀的团队文化,推动团队又快又好的发展。

二、高职院校建设科研团队的一般模式

(一)院系同专业科研团队模式

院系同专业科研团队模式是高职院校建设科研团队初期采用的一般模式,这样的团队往往以教研室为基础,与教学团队协同发展,其目标往往是开展专业建设、教学改革和申报科研项目。院系同专业科研团队成员大部分是同一教研室的教师,其专业背景相似,研究领域基本相同,他们经常在一起工作,所以交流非常的频繁,知识共享比较充分,科研成果产出比较丰富。此模式优势有三:一是团队往往采用以老带新的模式,具有丰富研究经验的老教师带动青年教师开展科研工作,青年教师又通过老教师的带动积极开展科研活动,为团队增添了活力;二是团队成员经常在一起工作,团队交流活动频繁,知识共享充分;三是团队成员的目标很容易达成一致,团队的组建、形成及培养相对容易。其不足之处也比较明显,团队成员的专业背景和研究领域相似性较大,缺乏学科交叉,专业知识的互补性较弱,很难承担较复杂的科研任务。

(二)校内跨专业科研团队模式

校内跨专业科研团队由校内学科背景和研究领域不同的教师组成,一般是学校根据发展需要,运用行政手段,发挥学校教师优势科研力量集中开展涉及多学科且比较复杂的重大科研创新项目。此模式的优势是:一是团队由不同学科背景和研究领域的教师组成,知识和技能的互补性非常大,团队成员协同开展科研创新研究,易于完成比较复杂的科研项目;二是团队成员往往具有丰富的研究经验和渊博的知识,科研创新能力比较强;三是团队目标和研究方向明确,较易于组建。但该模式组建的科研团队因为成员学科背景和研究方向不同,其工作理念和研究方式往往也不同,研究活动可能存在分歧,产生冲突;该模式科研团队因行政力量的强制性组成,未形成长效机制,很可能在完成科研创新任务

后团队就会解散;团队研究目标非常单一,可能会限制科研创新行为。

(三)校企合作科研团队模式

校企合作科研团队模式是以"产—学—研"教学模式为基础,通过与企业的长期合作和融合,在兼顾校企双方利益的原则上,为达成双方共同目标而逐渐形成的科研团队。在这种创新团队的模式下,学校教师可以充分了解市场需求,进一步明确科研方向,优化教学内容,其研究内容也从理论研究过渡到应用研究;企业一方面可以从科研团队中培养科研、技术人才,另一方面通过不断地反馈自身需求,推动产品的不断优化、升级和改造,进而提升产品的市场竞争力。在校企合作科研团队模式中,学校学科资源和企业市场资源充分地相互补充、相互受益。基于校企合作的科研团队模式也存在一些不足之处:一是团队不容易组建,学校和企业是两个不同的环境,学校科研注重技术的创新,企业注重利润的最大化,学校科研目标和企业的需求融为一体需要长期的磨合;二是团队的沟通和交流存在限制,基于校企合作的科研团队,其团队成员分别来自高职院校和企业,团队成员的专业背景、研究领域、工作经历以及研究方法都不尽相同。高职院校教师理论知识丰富,实践经验相对较弱;企业技术人员实践经验丰富且注重效率,科研能力相对较弱。另外,高职院校教师和企业技术人员的工作环境、承担任务也不同。在这样的情况下,团队交流活动可能会产生比较多的冲突,影响科研创新效率[1]。

三、高职院校构建科研团队的重要性

(一)显著提升学校内涵和核心竞争力

随着高职院校不断增多和生源的不断下降,高职院校之间的生源竞争越来越激烈,不断地加强内涵建设,提升竞争实力已经形成普遍共识。一是通过建设科研创新团队,可以整合学校优势资源,集中力量开展科研创新工作,不断增强学校的科研实力,提升学校知名度;二是在团队科研创新的过程中,可以不断提升学科内涵,形成学校特色学科和优势专

---

①胡海林,尚云峰.地方高职院校创新型科研团队建设的困境及对策[J].岳阳职业技术学院学报,2017,32(6):44-47.

业,提升学校的影响力;三是通过与企业合作建设科研团队,可以促进校企合作、深度融合,有效地把人才培养和市场需求衔接起来,提升学生就业率。

(二)有效推进专业建设和教学改革

科研创新是学校推进专业建设和教学改革的基础,一方面通过高职院校科研创新团队开展专业建设和教学改革的研究,可以充分激发教师的创新能力,通过深入调研学生需求和分析教育教学规律,运用科学的研究方法处理教学中出现的各种问题,从而不断改进教学方式方法,经过总结形成科研成果,为学校教学改革提供科学理论支撑。另一方面,市场对人才的需求总是变动的,学校必须要不断推进专业建设和教学改革以应对企业需求的变化。通过建设基于校企合作的科研团队,为学校教师和企业技术人员联合开展科学创新工作提供平台,解决企业在生产、服务和管理中面临的现实问题。在这个过程中,学校可以了解市场对人才的最新需求,从而不断优化专业结构;学校老师通过知识交流、学习和科研实践活动,不断增长见识,提升专业水平和教学实力。

(三)有利于培养科研人员的合作精神

在传统的科学研究中,科研人员往往孤军奋战,一方面青年教师不知道如何开展科学研究工作,另一方面想做科研的教师却苦苦寻觅合作者,最终致使高职院校难以积聚科研力量,科研创新成果的数量和质量不尽如人意。通过科研创新团队的建设,青年教师在团队成员的帮助下,科研能力快速成长;而学术带头人将科研任务分配给青年教师,促进科研创新工作又好又快地开展,团队个体互补优势,相互学习、相互进步,合作精神得到充分的培养。

(四)促进科研创新成果的不断产出

通过建设科研团队,为高职院校的研究人员搭建了一个信息交流的平台。一方面,团队成员通过知识的交流和碰撞,推动不同专业、不同学科交叉融合,促进创新成果的产出;另一方面,通过团队的规范可以给散漫的个体施加群体压力,促进其全身心投入科研创新工作中,提高工作效率,当顺利完成团队分配的任务时,又可以进一步激励个体更加努力。

四、加强和改进高职院校科研团队建设的建议

(一)加强对科研团队的指导

1.政府给予适当的政策倾斜

(1)在项目申报上给予支持

高职院校科研创新实力比较薄弱,在政府主导的纵向研究项目申报中又和本科院校同平台竞争,处于劣势地位,很少能成功获批。鉴于高职院校的实际情况,政府有关机构在项目申报上可以给予高职院校适当的倾斜:一是在设置科研项目配额的时候,适当提高高职院校配额比例,帮助高职院校提升科研创新能力;二是可以针对高职院校设置以技术应用与开发为主的基金项目,培养高职院校以科研创新服务社会、企业的能力;三是鼓励和支持科研团队申报科研项目,并拿出一定比例的项目配额专门针对以科研团队为基础的申报者,促进高职院校重视建设科研团队。

(2)在绩效奖励上给予支持

针对高职院校科研绩效奖励受绩效工资总量管理的限制,政府可以启动相关工作,寻求合适的路径打破科研绩效奖励受工资管理总量的限制,在绩效工资奖励上给予科研人员更多的支持,使科研绩效激励更具有吸引力,更好地留住科研创新人才。一是积极调研科研绩效奖励收入不纳入到绩效工资总量管理的可行性;二是针对科研创新人员绩效奖励收入给予免税政策。

(3)在校企合作上给予支持

针对企业参与学校科研团队建设动力不足的情况,仅仅依靠高职院校和企业的力量是不够的,需要政府参与并给予支持。一是政府重视产学研的同时,应将校企合作开展科研创新活动纳入到政府工作计划里面,通过奖励和税收优惠等政策推动企业与高职院校合作开展科研创新活动和科研团队建设;二是政府可以为学校和企业提供科研创新供需信息服务,为学校和企业在科研创新合作上牵线搭桥;三是政府应采取有

效措施支持高职院校和企业开展科研创新合作模式的探索;四是政府应鼓励第三方机构为学校和企业合作开展创新活动提供中介服务,促进校企成功合作。

2.学校提供良好的科研创新环境

建设科研团队离不开良好的科研环境和创新氛围,高职院校应该积极地组织开展科研创新活动和建设科研团队,加大对人力、财力、物力的投入,为建设科研团队提供良好的环境,为开展科研创新活动提供有力的支撑。

第一,正确认识建设科研团队的重要意义,构建科学的科研创新体系,促进教师开展科研创新活动;完善考核制度和激励制度,努力营造人人关注科研创新、重视科研创新的良好氛围。

第二,平衡好科研和教学的关系,促进科研团队和教学团队融合发展。积极探索科研工作量与教学工作量相互转换机制,使科研创新活动与教学活动处于同等地位。

第三,鼓励教师指导学生组建科研团队,同时支持学生加入教师科研创新团队。加强科研创新与培育人才的联系,既可以为社会培育出具有科研创新能力的技能人才,又可以为科研团队的建设提供人才储备,形成人人创新的氛围。

第四,设立校级科研课题,加强对科研团队建设的理论探究。组织研究人员对影响科研团队建设的相关因素进行深入分析,汲取国内外院校建设科研创新团队的先进经验,探索适合高职院校特点的建设路径,为学校建设科研创新团队提供理论支撑。

3.学校科研管理部门做好服务工作

科研处作为学校科研管理部门,既要十分了解学校科研的情况,也要积极搜集校外的科研情报,还要在学校的领导下做好相关服务工作。

第一,科学制定并实施好科研团队相关的政策和措施,明确团队建设的目标定位和实施步骤。

第二,强化与上级各部门沟通,积极拓宽科研项目申报和科研成果评奖渠道,宣传科研创新活动工作流程,做好科研项目申报指导和管理工作。

第三,协助科研团队做好项目经费预算管理,指导团队研究人员合理使用项目经费,帮助研究人员把更多的精力放在科研创新活动上。

第四,认真督查学校科研团队建设进度,指导团队开展科研创新活动。

第五,全力配合科研团队做好研究成果转化和研究成果推广工作。

第六,定期邀请权威专家开展科研创新能力提升讲座,就科研项目申报技巧、科学研究方法等内容进行交流。

(二)构建多元的科研团队建设模式

1.以教学改革为目标推进院系同专业科研团队建设

高职院校在建设科研团队的起步阶段,各方面基础还比较薄弱,高职院校主要围绕教学开展科研创新活动。此时,学校依托院系教学团队,以教学改革为目标,打造院系同专业科研团队比较易于实现。

教学改革是高职院校质量提升的动力,在推进教学改革的过程中往往会遇到诸多的问题,如生源的问题、理论与实践教学相结合的问题、教学体系建设的问题、师资队伍建设问题、产学研问题,这些问题都要依靠研究才能提出科学的解决方案。同专业科研团队可以集中优势持续地开展教学改革研究活动。

一是院校同专业科研团队成员的专业背景基本相同,其目标更容易达成一致,易于形成团队;二是团队成员都是一线教师,在教学活动中会面对各种各样的问题,对教学改革有更多的想法,更容易开展教学改革研究;三是可以充分地发挥"传、帮、带"作用,更好地调动年轻教师的科研积极性。

学校在科研团队建设初期应鼓励院系教学团队向科研团队转化,扩充科研创新队伍,不断推动团队持续发展。

2.以学科交叉融合为目标推进校内跨专业科研团队建设

随着学校科研创新活动的发展,在涉及多学科且比较复杂的重大科研创新项目时,院系同专业科研团队不能满足项目的需求,此时需要组建学科背景交叉、思维方式互补的校内跨专业科研团队。

校内跨专业科研团队有多方面的优势:一是团队成员由不同专业背景的教师组成,在知识技能和研究方式上可以实现互补,具有解决复杂科研项目的能力;二是团队成员一般都要经过筛选,其科研能力更强。

在同专业科研团队建设的基础上,学校应该以科研项目为载体,鼓励组建跨专业科研团队,实现学校科研实力的突破。在跨专业科研团队建设的过程中,要注重培养学科带头人和学术骨干,充分发挥团队负责人在团队中的核心作用,促进跨专业科研创新队伍建设,推动学科交叉融合。

3.以技术应用开发为目标推进校企合作科研团队建设

在教学改革和学科交叉融合的基础上,高职院校应该积极履行社会服务职责,以技术应用开发为目标推进校企合作科研团队建设。通过校企合作开展科研团队建设,一方面团队可以了解市场的需求,进一步明确科研方向,提升科研成果转化成功率;另一方面企业人员加入科研团队,可以进一步提升企业科研创新实力,促进产品的革新。

学校在推进校企合作科研团队建设时要广泛地拓展与企业合作的渠道,创新合作形式,兼顾各方的利益,加强沟通和交流,使团队的科研目标和企业的实际需求达成一致,从而整合学校和企业的优势资源,促进技术的应用和研发,为社会发展做出贡献。

4.以人才培养为目标推进学生科研团队建设

培养具有创新能力的高技术人才是高职院校的基本任务,鼓励学生参加科研创新团队建设可以促进学生带着问题探索知识,提高学习的积极性;可以促进学生创新思维的形成,提升发现问题、解决问题的能力;可以促进学生组织能力的提升,形成团结协作的氛围。

学校应该高度重视学生科研团队建设。一是注重开设相关创新教育课程,培养学生的科研创新意识;二是改革教学方式,由灌输式教学过渡为探索式教学,鼓励学生大胆创新,形成创新思维;三是加强教师对学生科研团队的指导,指导学生开展相关研究活动;四是引领学生参加各类科研创新比赛,营造良好的科研创新氛围。

(三)完善科研团队管理机制

1.完善团队人才培养机制

与本科院校相比,高职院校科研创新人才不足、领军人物缺乏是阻碍科研创新团队建设的重要因素。高职院校在建设科研团队过程中,首先要培养一批高素质的科研创新人才。

第一,注重培育学科带头人及学术骨干。在组织申报各类研究项目时,适当向学科带头人及学术骨干倾斜,增加科研创新经验;通过相关政策支持学科带头人及学术骨干到国外进行学习交流,增加国际视野;鼓励学科带头人及学术骨干到企业挂职,增强科研创新实践能力。

第二,引进高水平的科研创新人才。积极争取高级人才引进政策,以开放的态度向兄弟院校广纳人才,引进一批具有影响力的学科带头人和具有丰富实践经验的技术骨干,充实科研创新人才队伍;同时采用灵活的方式,吸引知名的学者和企业专家兼职参与科研团队建设。

第三,加强科研创新能力的培训。一是制定团队内部学习制度,组织团队成员经常性地开展学习交流活动,通过学习提升解决实际问题的能力;二是建立交流平台,鼓励团队之间进行经常性的交流和合作,总结好的做法,商讨共性问题;三是构建科研创新能力培训机制,通过培训班、专题讲座、国内外交流、校际联合培养、到企业实践等形式,使科研创新能力培训系统化、长效化。

2.完善团队绩效考核评价机制

第一,高职院校在坚持科学和公平的原则基础上,不断丰富和完善团队的绩效评价体系。既要注重定量考核,合理设置论文成果指标、科研项目指标、专利指标、科研经费指标、研究成果获奖指标、研究成果转化指标,也要注重定性考核,充分考虑团队对社会的奉献、对经济的奉献、对学科发展的奉献和对教学改革的奉献;既要注重结果考核也要注重过程考核,建立目标考核和过程考核协调机制,充分掌握团队建设的进度、成效以及存在的问题,以便及时指导科研团队建设;既要注重团队整体考核,考查团队是否完成预定目标、团队建设是否合理,也要注重团队成员的个体考核,对不同职责的团队成员进行分类考核,避免出现"搭便车"情况。

第二,完善高职院校科研团队绩效考核专家组。一是在校内选拔不同学科背景的高级职称教师担任考核组成员,在绩效考核过程中采取回避制度;二是在企业中选拔具有丰富实践经验的科研人员、技术人员担任评价人员,参与科研创新团队绩效考核工作;三是绩效考核专家组要定期改选,避免寻租现象产生;四是要经常性地对考核专家组进行培训,保证科研团队绩效考核的专业性。

3. 完善团队激励机制

良好的激励制度可以刺激动机产生,推动个体采取行动,从而促进目标的实现。高职院校要科学地制定科研团队激励机制,充分考虑团队个体的需求,充分提升个体的积极性。一是设法提升科研绩效奖励力度,形成多劳多得的绩效奖励制度;二是对团队进行整体激励,避免团队个体过度竞争的同时,要根据团队个体奉献大小进行激励分配,实现激励的公平、公正性;三是在实施物质方面的激励的同时不能落下精神方面的激励,采取表彰、优先推荐等措施满足团队成员的精神需求;四是在实施正向激励的同时,也要适当地采取负向激励。正向激励就是对团队和团队成员进行奖励,负向激励就是采取必要的惩罚手段压制和制止违背团队目标的行为,避免同类行为重复出现。只有正向激励与负向激励相辅相成,才能发挥出激励的最大效用。

4. 构建校企合作机制

针对高职院校理论研究比较多而实践研究比较少的状况,需要企业参与,构建校企合作机制,使高职院校科研团队由纯理论研究向技术应用、开发研究转变,这是高职院校科研团队实施与本科院校科研团队差异化发展的必然路径。一是要设立校企合作机构,把学校寻求企业合作工作纳入学校重点工作范畴,推动企业参与科研团队建设;二是鼓励校内科研团队吸纳企业专家和一线科研人员加入团队,参与科研创新活动;三是鼓励科研团队深入企业寻求科研项目,解决企业生产的实际问题,开展技术服务或联合攻关,学校要高度重视横向课题,在经费配套上给予资助;四是注重校企人才相互交流,鼓励教师深入企业一线参加生产实践活动,同时也积极欢迎企业人员到学校开展科研和教学活动;五是建立校企资源共享制度,鼓励企业将实验室建设到学校,充分利用校企优势资源。

5.优化科研经费管理制度

团队的科研创新活动离不开科研经费的支持,高职院校要优化科研经费管理制度,让团队研究人员把更多的精力放在科研创新活动上面。一是根据上级最新科研经费管理文件精神,结合学校的实际情况及时细化和完善科研经费管理办法,充分发挥科研经费应有的作用;二是加强科研经费相关的政策宣传,指导研究人员合理地使用项目经费和准备报销材料,提升科研经费的报销效率;三是在政策范围内创新科研经费报销制度,如科研经费预支制度,简化科研经费报销程序,如采用网络自助报账形式,为科研人员提供简便、快捷的服务,避免科研人员过多的精力消耗在报销程序上。

(四)推动多元化的科研创新平台建设

高职院校建设科研团队离不开科研创新平台的支撑,学校必须抢抓机遇,加强科研创新相关平台建设,促进创新平台和科研团队融合发展。一是积极申报科研创新基地建设,科研创新基地可以促进人才的会集和资源的优化,是学校联系政府和企业的重要纽带,既可以壮大地方科研创新体系,又可以获得政策支持和项目资源;二是打造科研信息情报平台,为团队科研人员提供最新的技术、产品、项目和企业需求情报,使团队更好地凝练科学研究方向;三是成立研究所和科研服务机构,充分利用学校的优势资源,为企业提供技术支持和开发应用服务,提升高职院校社会服务功能;四是与企业合作打造产学研平台,通过建设开放共享的实训基地及实验室,为企业技术推广、学生实践实习和教师科研创新提供良好的环境;五是探索科研成果孵化平台,推进产业园和创业园建设,促进科研成果转化。

(五)加强科研成果转化能力建设

1.成立科研成果转化专职部门

高职院校要设立科研成果转化专职部门,加强研究成果转化管理和服务队伍建设,完善研究成果转化组织机构和相关管理制度,做好研究成果转化工作。一是细化上级有关研究成果转化制度,建立适合本校的研究成果转化细则;二是及时登记、备案本校具备转化条件的研究成果信息,建立可转化研究成果信息档案;三是组织专业人员对研究成果的市场价值进行鉴定和推广;四是制定适合高职院校的研究成果转化分配机制。

2.鼓励团队开展以市场为导向的科研创新活动

科研成果符合市场的需求是实现科研成果转化的前提,高职院校要加强科研活动的指导,鼓励团队开展以市场为导向的科研工作。一是深入企业、政府,加强沟通联系,了解地方和企业的需求,为团队科研创新活动提供方向;二是积极申报地方的纵向项目和企业的横向项目,促进与地方、企业深度合作;三是主动与企业开展"产学研"合作,充分利用企业的优势资源,提高科研成果的市场价值;四是校内科研课题指南要围绕地方经济发展需求和企业的技术需求设置,提高科研创新成果的针对性;五是加强科研课题(项目)结题后管理,鼓励将具有社会价值和市场价值的成果进行转化。

3.构建科研成果转化信息平台

通过构建研究成果信息平台,可以提升研究成果转化成功率。一是通过信息平台,企业可以发布技术需求信息,科研团队可以在平台展示最新的科研成果,有效地促进科研成果转化;二是通过信息平台可以展示学校的科研实力,增强企业对学校科研团队的信心,促进校企合作开展技术开发、应用研究;三是通过信息平台,可以使学校各个科研团队相互了解,促进沟通、交流、合作。

第三章 高职院校科研育人的路径 ——科研导师队伍

第一节 科研导师队伍概述

高职院校学生导师队伍建设是高职院校学生教育中的一个至关重要的问题。根据高职院校学生的期望,建设导师队伍能够更好地满足学生的全方位的发展需求。此外,角色期望理论、需要层次理论和教师人力资源管理理论更有助于高职院校构建一支高水平、高素质的学生导师队伍。

一、科研导师的概念

所谓"科研导师",就是为每名科研学生配备一名科研成果丰富、研究能力强、科研水平高且具有高级职称的教师,导师通过动员课题申报、撰写论文指导和合作研究等形式,帮助学生提高科研能力水平。

二、科研导师应具备的资格

第一,拥护党的路线、方针、政策,思想作风正派,诚实守信、团结协作、顾全大局。具有良好的职业道德,有强烈的事业心和责任感,有创新精神。

第二,教书育人,师德高尚,具有丰富的教学经验,教学效果好。

第三,治学严谨,在教学和科学研究方面取得一定的成绩,学术造诣深,对本专业(学科)的发展有较深入的了解。

第四,原则上具有副教授以上专业技术职务,有一定的组织管理能力,身体健康。

三、科研导师的职责

第一,在思想政治方面,对科研学生进行引导和教育,帮助他们树立坚定的政治信念,养成良好的职业道德。

第二,指导科研学生熟悉科研项目申报的各个环节,使青年教师胜任科研工作。

第三,努力培养科研学生科研能力,指导科研学生撰写论文,申请或参与教研、科研项目,提高科研水平。指导期满后,以学院为第一署名单位、本人为第一作者公开发表至少1篇省级以上学术论文。

第四,一位导师可指导一至二名科研学生。

第五,按照一年的培养期,根据对科研学生的科研能力培养要求,制订指导工作计划,并具体实施。

第六,指导科研学生申报或参与院级科研项目一项,积极支持教师参加各类学术活动,特别是高层次以上学术研讨会。

四、科研导师队伍构建的理论基础概述

(一)角色期望理论

"角色"这一概念最早来源于戏剧舞台,指演员按照剧本的规定在戏剧舞台上所扮演的某一人物。而后,人们发现社会系统与戏剧舞台间存在着内在联系,遂将"角色"引用到社会心理学当中。1934年,美国心理学家G.H.米德将"角色"这一概念从戏剧引用到社会学当中,用以表述人们在交往过程中的互动行为模式以及个体与社会的关系。此后,很多各界学者从不同的角度,运用不同的方法对"角色"这一问题进行了充分、细致的研究。在梳理、总结了以往关于角色理论的研究之后,美国学者蒂博特和凯利在他们合著的《群体的社会心理学》中,对角色的内涵阐述如下:"第一,角色是社会对拥有一定地位的个体行为的期望系统;第二,角色是个体对自身的期望系统,也就是说角色是个体在与社会相互作用过程中的一种特殊行为方式;第三,角色是个体对外表现出来的可观察的行为。"

社会对于某一角色的期望,我们称之为"角色期望",即社会对每个

处在其某一位置上的角色都有着特定的要求,并对他们规定了权利、义务和行为、规范。角色期望所包括的内容如下:"①角色的素质期望,即对某一角色扮演者的思想品德、文化素养和能力等做出的期待和要求。②形象期望,即对某一角色扮演者的个性特点、言谈举止、着装打扮等做出的期待和要求。③义务期望,即对某一角色扮演者应履行的职责和义务的期待和要求。④行为期望,即对某一角色扮演者的行为的期待和要求。[①]"

角色期望是一个复杂的体系,是包含着态度、情感和认知的总和,而不是一些行为的简单叠加。在高等教育系统中,高职院校的科研导师就在学生的期望中扮演着不同的角色,有的为严师、有的则为朋友。当科研导师的角色与高职院校学生的期望有所差距时,二者之间便会出现问题。事实上,角色期望不容易与现实相符,角色期望与现实情况的差异,被称为"角色差距"。角色差距是能够减小或消除的,当科研导师与高职院校学生之间出现了角色差距时,导师可以通过转换相应角色、改变指导方式等方法缩小角色差距,以满足学生对其的期望,进而完善导师队伍建设,保障高等教育质量。

(二)需求层次理论

美国心理学家、"人本主义心理学之父"马斯洛被公认为现代最伟大的心理学家之一,曾担任美国心理学学会主席。他提出了需求层次理论,并认为,人有七种基本需求:生理的需求、安全的需求、归属和爱的需求、尊重的需求、求知的需求、审美的需求和自我实现的需求。这些需求由低级到高级排成一个层级,当人们低层级的需求得到满足后,便会寻求更高层级需求的满足。马斯洛对需求层次进行了进一步的解释:位于需求层次底部的四种需求被归为"缺失需求",若所有的缺失需求都得到满足,那么个体将继续追求上面的三种高层次需求,这些需求被称为"成长需求"。缺失需求为个体生存所需,当得到一定程度满足后,个体有关这方面的需求将会减少甚至消失。成长需求则不会完全得到满足。

---

①郑锴,郝峰,李贺等.高校大学生对辅导员角色期望现状调查[J].智库时代,2021,(21):125-126.

第一层次：生理的需求，包括呼吸、食物、水、睡眠等。若其中某一项得不到满足，个体的正常生理机能便得不到保障，这将影响到生命的健康成长。因此，生理需求是其他需求的前提，也是个体行动的首要动力。马斯洛认为，"当最基本的需求能够维持生命的正常运转后，其他的需求才能成为新的激励因素，而到了此时，这些已相对满足的需求也就不再成为激励因素了。"当一个人同时需求食物、安全、爱和尊重时，这个人对食物的需求应最为强烈。第二层次：安全需求。如果个体的生理需求得到了满足，另一种需求进而产生，我们大致归纳为安全的需求，包括安全、稳定、依赖以及对法律、秩序的需求等。例如，当人们的生理需求得到满足后，人们一般倾向寻找一份可以终身任职并有各类保障的稳定工作。第三层次：归属和爱的需求。若以上两种需求较好地得到了满足，个体对爱、情感和归属的需求继而产生。对爱的需求包括情感的付出和接受。如果此种需求得不到满足，个体就会十分强烈地感到缺乏朋友、心爱的人等。第四层次：自尊的需求。除少数人之外，社会上的所有人几乎都有一种想要获得他人对自己的较高评价的需求或欲望，包括对权力、独立自由、声望及赞赏的欲望。自尊需求的满足会使人产生某种自信的情感，使其认为自己有价值、有地位、有能力和必不可少。第五层次：自我实现的需求。自我实现的需求也称作成长性需求，包括认知和美的需求。自我实现指人都需求挖掘自身的潜能，展现自身的能力，当人的潜力得到最大的激发并展现出来时，人们便会得到较大的满足。从学习心理的角度看，人们进行学习是为了使自己的潜能、价值、个性得到充分的发展。在这一层次上，个体之间差异巨大，它的共同之处在于，这一需求通常依赖于前面所说的四种需求的满足。

马斯洛对于需求进行了进一步的区分：位于层次需求最底层的四种需求被归为缺失需求，它是个体生长不可或缺的，必须得到一定程度的满足。如果所有的缺失需求都得到了一定的满足，那么个体会继续追求更高层次的需求，这些需求称为"成长需求"，它能够让个体生活得更有质量。

学生在学习过程中达不到理想的效果是某种缺失性需求没有得到充

分满足而引起的。如家境贫寒使温饱的需求得不到满足;教师过于严格苛刻使得学生的安全和尊重的需求得不到满足等。正是这些因素,会成为学生学习和自我实现的主要障碍。高职院校在建设科研导师队伍时,要适当考虑学生的需求与期望。科研导师不仅要关心学生的学习,同时也应关心学生的生活与情感,要让学生感受到老师是尊重和热爱他们的,以排除学生在学习过程中的干扰因素。

(三)教师人力资源管理理论

人力资源是社会中最重要的资源之一,同时也是非常具有竞争力的资源。所谓"人力资源",是指能够推动整个经济和社会发展的劳动者的能力,即处于劳动年龄的已直接投入建设或尚未投入建设的人口的能力。"人"和"劳动能力"是人力资源的基本要素,只有当二者同时兼备,才能称之为人力资源。人力资源管理,则是"以提高劳动生产率和工作生活质量为目的,对人力资源进行获取、保持、评价、发展和调整等系统化的工作"[①]。人力资源管理对"人"进行使用、开发,其管理过程是有序的、系统的,并具有完整的制度和措施。从微观层面来看,人力资源是以部门或企业为单位来进行划分和计量的。在高职院校中,导师作为教师队伍的一个组成部分,是一种高层次的人力资源。20世纪70年代,人力资源管理理论开始被运用到教育领域,教师人力资源管理理论由此发展起来。

教师人力资源管理是指"教育系统中,人事部门通过运用组织、计划、控制等方式,对教师人力资源进行开发和利用,从而使教育系统中的人力、物力、财力得以最佳匹配,充分发挥教师的教学能力,实现学校的教学目标,满足社会的需求"。教师人力资源主要包括如下内容:

1.教师资源的规划

对高职院校而言,教师资源的规划必不可少。高职院校应根据其发展目标,科学地对教师资源需求进行预测并制订对应的方案。合理的教师资源规划不仅可以避免人员管理的随意性,更是实现高职院校发展战略的重要保障。同时,也是学校和教师双赢的必要手段。

---

①成焱.跨文化人力资源管理影响因素分析[J].东方企业文化,2012,(3):103.

2.教师的招募、甄选和录用

学校运用内部招募和外部招募的形式吸引应聘者应聘空缺职位,这是高职院校吸引人力资源的第一环节。随后,由于应聘者存在较大的差异,高职院校应根据职位要求,甄选出符合职位要求的应聘者。在高职院校对于应聘者进行充分了解之后,应在恰当时间内做出录用决策,发放录用通知,与应聘者签订录用合同。

3.教师的培训

在完成人力资源的录用之后,高职院校还需对其进行培训,使他们能够在短时间内迅速融入职位当中,激发教师的工作热情。为确保培训不流于形式,高职院校应制订详细的培训计划,并在培训后针对培训内容进行考核。

4.绩效与评价

绩效是考量教师工作情况的重要途径。针对业绩不同的教师,学校应有针对性地采取不同措施,促使绩效得到提升。此外,高职院校应采用具体的、客观的、可量化的指标,对评价对象进行较为规范的、严格的、周期性的评价,并将评价结果作为教师职务升降、工资待遇的参考依据。

5.教师的薪酬

薪酬是组织给予个体的经济性酬劳,包括工资、奖金、福利等。薪酬的设定是为了吸引、保留、激励教育组织所需的教师资源,用以补偿教师的劳动付出。薪酬的高低及变化都是影响教师工作的重要因素。因此,高职院校应加强薪酬的管理,建立详细的薪酬制度,并保障其有效实施。就我国目前的高职院校师资队伍而言,在管理理念、管理方式、管理制度等方面较西方发达国家还有较大差距,不能完全适应时代发展的需求。因此,加强我国高职院校的教师人力资源管理是十分紧迫且必要的。只有不断丰富教师人力资源管理的理论创新和实践探索,寻求新的师资队伍发展路径,才能切实提高高职院校教师队伍的整体素质,为国家和社会输出更多、更优秀的人才。

五、基于高职院校学生期望建设科研导师队伍的意义

(一)提升高职院校学生的科研培养质量

高职院校学生的培养是较为复杂的系统工程,涉及高职院校学生的课程设置、日常管理、高职院校办学水平等多方面的因素,但高职院校学生导师在其中扮演着更为重要的角色。高职院校学生的科研培养质量的高低,在很大程度上取决于科研导师的工作质量。通常情况下,高职院校学生教育与本科生教育在管理制度上的最大差异就是给每个高职学生配一位指导教师,即导师负责制也称"导师制",是由导师对高职院校学生的学习、科研、品德及生活等各方面进行个别指导,并全面负责的教学管理制度。导师负责制的实施,加强了学生与导师之间的联系,并且使高职院校学生的培养得到了有效保障。因此,科研导师队伍的建设对于高职院校学生的科研培养质量而言显得尤为重要,认真研究和认识科研导师在高职院校学生科研培养过程中的地位和作用,进一步加强科研导师队伍的建设和管理,提高科研导师队伍的素质和水平,对于提高高职院校学生的科研培养质量,有着极为重要的意义。

此外,高职院校学生是导师制的直接受益人。在科研导师队伍建设过程中,了解高职院校学生对科研导师在学习及生活方面的期望与需求是十分必要的。在以往的文献中,有作者通过对某高职院校的调查总结出优秀导师应该具备的素质,比如高尚的品德、对学生全面的指导、较强的科研能力、关心学生生活等。若科研导师具备以上素质,相应地,科研导师队伍的整体素质也会随之有较大提升,进而带动高职院校学生科研培养质量的提升。

由此可见,了解高职院校学生对于科研导师的期望是建设导师队伍的又一有效途径。在科研导师队伍建设过程中,若重视广大高职院校学生对于科研导师的某些方面的需求,并适当满足高职院校学生对于科研导师在学习、生活等方面的期望,就会在一定程度上对高职院校学生的学习与生活产生积极影响,进而有助于提升高职院校学生科研的培养质量。

（二）满足高职院校学生自身发展需求

个体发展的本质在于扩展其可行能力，即人们过自己认为有价值的生活，做自己想做的事情以及实现自己想要达到状态的能力。对于高职院校学生而言，其自身的发展主要以学业和德行两方面为主。无论从哪个方面而言，都与导师存在着密不可分的关系。

学业方面，大多数的高职院校学生导师同时兼具教学与指导高职院校学生的任务，导师对高职院校学生在学业方面的影响，也主要体现在这两点上。第一，虽然高职院校学生具备较强的自学能力，但课堂教学形式仍然是导师指导学生的重要场所。具备坚实的理论基础、宽厚的专业背景和多方面的知识体系的导师，就成为满足高职院校学生学习需求的有利资源。第二，我国高职院校实行单一导师制，高职院校学生的各种学习内容，如理论知识、科研能力等基本上都是在导师的指导下进行，因此，科研导师的指导时间与指导质量直接关乎高职院校学生在校期间的科研质量。在课前，若科研导师能够了解学生对于课程内容、授课方式等方面的期望，并在授课时加以适当满足，就会引起学生的学习兴趣，激发学生的学习热情，提高学习效率。此外，如果学生对导师指导量及指导方式的期望得到满足，同样会使高职院校学生的科研质量得以提升。

德行方面，思想道德水平乃立人之本。高职院校学生是一个暂时来自社会，终究还要回到社会中去的一个群体，他们又无时无刻不受到社会的影响。因此在利益驱动下，社会上的不良风气会对他们产生一定的消极影响。对此，若科研导师具备高职院校学生所期望的道德品质，做到"德高为师，身正为范"，就会给高职院校学生树立德行的典范，对高职院校学生产生潜移默化的影响[1]。

（三）实现导师的有效指导

导师对高职院校学生的有效指导是指导师引起、维持和促进高职院校学生有效的知识学习、科学研究和其他方面成长的所有指导活动，其

---

[1]张志坚，章尚贞.略论高职院校"导师型"班主任队伍建设[J].金华职业技术学院学报,2012(5):4-7.

本质实际上就是优秀指导或成功指导。因此,了解高职院校学生对科研导师指导方面的期望,对于实现科研导师的有效指导意义重大。

第一,了解高职院校学生对科研导师指导频数的期望,有助于其科研的顺利完成。澳大利亚昆士兰大学的一项调查研究表明,导师对高职院校学生的指导越频繁,越有助于高职院校学生发表学术论文和完成学位论文。在高职院校学生培养期间,如果科研导师"不导",学生的学识水平和科研能力就不会得到很大程度的提高,对科研导师也会缺乏足够的认同。

第二,了解高职院校学生对科研导师指导量的期望,有助于其自主思考与独立研究能力的培养。导师能够给予高职学生积极的指导和提供建设性的意见,尊重学生的兴趣,对学生进行耐心、细心和有责任心的指导在一定程度上能帮助学生提高学生的积极性和自信心。但导师的指导不应事无巨细、面面俱到,而是应及时帮助高职院校学生发现学习和研究中的困难与困惑,帮助其尽早摆脱困境。既不能放任自流,也不能包办代替,而是要留给高职院校学生自主思考和独立研究的空间,充分信任高职院校学生的潜能。在指导过程中,科研导师既要对高职院校学生给予恰当的指导,又要适当地放手。

第三,了解高职院校学生对科研导师指导方式的期望,有助于其表达、理解、相互学习能力的提升。高职院校学生比较反感专制、冷漠、不尊重学生、对学生的管理过于死板和严苛的导师。在指导方式上,科研导师可以根据学生的需求,灵活采用个别指导与集体指导相结合的方式。个别指导可以了解每一个高职院校学生的学习进展和对专业知识的把握,特别是在论文的选题和完成阶段更要注意做好个别指导。而集体指导可以加强高职院校学生之间的交流、协商与合作,提高学生表达和相互学习的能力,学生也会对知识产生更进一步的理解和认识。

(四)保障高职院校学生教育可持续发展

高职院校学生教育处于教育系统中的最高层次,主要培养具有创新精神、实践能力、高素质的高级专门人才。这一任务主要是通过以导师为主导、以学生为主体的高职院校教学活动完成的。高职院校只有具备高水平的科研导师队伍,才能保证培养出高水平、高质量的高职院校学生人才。可以说,要保证高职院校学生教育的可持续发展,必须先做到高职院校学生科研导师队伍的可持续发展。然而,长期以来,科研导师队伍的建设过于官方化、形式化,较少深入学生当中了解学生对导师的需求与期望。

作为高职院校学生培养的关键因素,高职院校学生科研导师队伍的建设,尤其是基于高职院校学生期望的科研导师队伍建设关乎高职院校学生教育的可持续发展。科研导师队伍建设的目的是更好地进行高职院校学生培养,为高职院校学生在学习及生活中提供指导。若科研导师队伍建设与高职院校学生的期望相悖,可想而知,高职院校学生在学习的过程中就会产生抵触情绪,如此一来,不仅影响高职院校学生的学习成绩与身心发展,还会对高职院校学生培养质量产生消极影响。高职院校学生培养质量的下降,将导致高职院校学生教育可持续发展受阻,进而威胁到国家高等教育水平及科学技术的长久发展。因此,高职院校在建设高职院校学生科研导师队伍的同时,务必适当结合广大高职院校学生的需求与期望,以保障高职院校学生培养质量及高职院校学生教育的可持续发展。

第二节　高职院校导师队伍建设现状

高职院校学生对科研导师在学术水平、教学与学习指导等方面存在期望,但由于各种原因,实际情况与期望之间存在一定差异。本节旨在通过对科研导师"现实"与"期望"之间的对比,总结出科研导师"现实"与"期望"之间差异的表征及其原因。

一、科研导师队伍建设存在"现实"与"期望"之间的差异

(一)个别科研导师与高职院校学生关系畸变

"关系"是高等教育活动中最基本、最重要,同时也是最活跃的人际

关系系统。高职院校学生与科研导师之间良好的师生关系是提高教育质量的基础保障。传统观点认为,高职院校学生的主要任务是在导师指导下进行学习和课题研究,因此高职院校学生与导师的关系应该是师生、师徒、导学关系。然而,在我国市场经济体制下,随着高职院校学生规模的不断增大,科研导师的"忙"与高职院校学生的"多",使得师生之间的关系发生了相应的变化,主要体现在以下两个方面:①师生间的"雇佣"关系。这种师生关系虽比较少见,但确实存在。在市场经济的冲击下,人们更加注重凭借自身的能力实现自身的价值。作为高级知识分子,高职院校的学生导师一方面可以凭借丰富的知识储备和科研技能取得事业的成功、获得丰厚的收入,另一方面又可以追求实现自身价值的理想,开办公司或与企业合作,创造经济效益。在此种情况下,由于导师在师生关系中处于主导地位,高职院校学生通常比较听从导师的安排,导师与高职院校学生的关系成了一种"老板"与"雇员"的"雇佣"关系。②导师对硕士生的指导达不到学生的期望,师生沟通交流不畅。高职院校学生通常对导师充满期望,希望从导师处可以获得学术上的指导及生活上的帮助。但由于导师工作繁忙、所带学生人数过多等原因,导致导师对高职院校学生的指导频率降低,师生间缺少交流等问题。虽然高职院校学生有时会参与到导师的科研项目当中,但通常扮演着"跑腿""打杂"等小角色,导师也只是以"做课题、发工资"这一形式代替师生间的相互交流。长此以往,必然影响到师生和谐关系的发展,同时也会导致师生纠纷。

(二)科研导师缺乏对学生的有效指导

约翰·霍普金斯大学第一任校长丹尼尔·吉尔曼曾指出教授指导的重要作用,他指出:"最高的教学质量只有在浓厚的研究环境中才能进行,最佳的训练只有在积极从事研究的教授们指导下才有可能。"高职院校学生培养质量的高低除了受制度性因素、环境因素、学生自身因素的影响以外,还直接取决于导师的有效指导。有效指导是指导师引起、维持和促进高职院校学生有效的知识学习、科学研究和其他方面成长的所有指导活动,其本质实际上就是优秀指导或成功指导。

(三)科研导师教学方法单一、教学内容滞后

早在1998年的第一次全国普通高职院校教学工作会议上,时任教育部部长的陈至立就明确指出,高职院校教学存在教学方法过死的弊端。2012年,在全面提高高等教育质量工作会议上,教育部副部长杜玉波基于长期存在的高职院校教学方法问题,明确提出要开展教学方法大改革。可见,教学方法在提升教育质量上起着重要作用。然而,通过调查发现,某些导师在教学过程中教学方法单一、枯燥,仍然采取传统的教学方法,缺少灵活性。这对于具备了较扎实的基础知识、逻辑思维能力较强、思考问题较深入的高职院校学生来说无疑是不利的,不仅削弱了其学习的积极性,更不利于他们汲取专业知识,影响其教育和科研质量。

在高职院校学习阶段,学生的主要任务是通过学习强化专业知识,提高自己的学术水平和科研能力,而进行学术与科研活动需要以知识为前提。教学是知识的主要传播途径,而知识的传播则需要教师作为依托,在教学过程中,科研导师的授课内容直接关乎高职院校学生的培养质量。但是在教学内容的设置上,一些科研导师的授课内容陈旧,不能有效结合相关领域的发展前沿或存在理论与实践脱节的问题,不能满足学生对于知识日新月异发展的需求,或教学内容缺乏创新,使学生失去学习的兴趣,久而久之,便会影响高职院校学生的培养质量。

(四)科研导师的科研项目缺少学生参与

自19世纪德国著名博物馆学家、自然地理学家洪堡提出教学与科研相结合的大学教育理念之后,科学研究逐渐成为大学的一项基本活动。科研活动是高职院校学生将理论与实践相结合的重要途径,同时也是高职院校学生教育的生命力所在。要构建创新型国家,实现高职院校学生教育的培养目标,科研活动起着关键作用。

因为科研导师承担的科研项目内容、导师对学生的要求以及学生个人学习和研究能力等方面的差异,高职院校学生参与科研项目的深度和广度有所不同。但从总体上看,高职院校学生在校期间参与导师课题的情况仍不够乐观。调查发现,虽有76.29%的高职院校学生希望参与到导师的科研项目当中,但真正能够与导师完成科研项目的仅占13.6%。可

见,硕士生参与导师课题研究的机会与数量相对不足、参与度较低,且人文社会科学学科的硕士生参与程度略低于理工学科专业的硕士生。高职院校学生教育的特点之一就是他们既是学习者又是研究者,缺少科研活动的参与,高职院校学生便与本科生无异。科研是高职院校学生将理论知识付诸实践的重要途径之一,若以理论知识的学习为主,闭门造车,不仅不利于学生科研能力的培养,更无法完成高职院校学生的培养目标。这样一来,便难以提升高职院校学生的培养质量,不利于高等教育的发展。

(五)科研导师间交流与合作制度欠缺

自我国恢复高职院校学生教育以来,在高职院校学生的培养过程中,高职院校学生的学术研究,主要由一名导师负责全过程的指导,高职院校学生培养模式以单一导师培养模式为主。由于高职院校学生规模的扩大,在学术研究中,随着研究问题日益复杂化,学科不断交叉、综合之势日益趋强,单一科研导师培养模式下,科研导师间缺乏交流与合作的问题日益凸显。主要表现为以下两个方面:

第一,单一导师知识面有限,难以针对不同选题方向的高职院校学生进行较为深入的指导。随着社会的发展,学科知识已经进入整体化发展阶段。学科之间既高度分化又相互融合,学科间的交叉与渗透,理科、工科、文科的结合与交融使得学科的界限日益模糊。而这已然成为学科的发展要求。但由于科研导师间交流与合作制度欠缺,科研导师通常独自承担高职院校学生的指导和个人的科研活动,较少与其他导师进行交流与合作。这种情况不仅阻碍师生学术思维的拓展,同时也有碍于师生间的横向交流和指导的深入。

第二,科研导师因教学或科研繁忙时,对学生指导不足。由于时间安排、公务缠身、科研活动等方面的限制,学生时常接受不到科研导师的有效指导,而由于科研导师间合作交流制度的欠缺,高职院校学生也无法得到其他导师的点拨,高职院校学生得不到科研导师的指导,自然会影响其学术与科研能力的提升,长此以往,必然影响高职院校学生的培养质量。

二、科研导师队伍建设存在"现实"与"期望"之间的差异归因分析

虽然高职院校学生对科研导师在很多方面存在期望,但通过期望与现实间的对比可知,由于种种原因,学生对科研导师在教学、学习指导等各个方面的期望与现实状况之间通常存在落差。针对调查的实际情况,以下针对引起落差的原因进行分析。

(一)个体差异:学生群体差异性较大

高职院校学生的个体差异性是导师需要面对的一个重要问题,因材施教也一直是教育的永恒主题。由于高职院校学生的个体差异性较大,他们对科研导师的期望也不尽相同,但毕竟导师的能力有限,不可能同时满足他们所指导的所有学生,因此,不同的学生对科研导师存在不同期望属正常现象,而这也正是造成"现实"与"期望"之间存在落差的主要原因[1]。

在学校环境中,学生的个体差异性主要表现在智力、学习能力、知识储备、性别、家庭文化背景、学习动机、学习风格以及志向水平等方面,所有这些差异都直接或间接地影响着教学活动的开展及其效果。其中有些差异(如学生的知识储备)是比较复杂多样的,有些差异(如学习能力)是比较难处理的,而有些差异(如学习风格),科研导师可以在教学过程中进行适当处理。科研导师如果能在教学与指导的过程中掌握学生在这些方面的个体差异性,就能通过呈现不同形式的教学材料、展开不同类别的教学活动、实施不同形式的评价,满足具有不同智力结构和学习风格的学生的不同要求,促使每个学生得到全面和个性化的发展,从而减小"期望"与"现实"之间的差异。反之,若科研导师不能根据不同的学生调整教学计划与指导方案,就会增大"期望"与"现实"之间的落差。学生的需求得不到适当满足,自然会影响培养质量。

---

[1]胡涵锦. 高校思想政治理论课教师队伍建设与发展[M]. 上海:上海交通大学出版社,2013:31-35.

(二)观念使然:传统观念的消极影响

中国早期马克思主义理论家杨贤江指出:"自由人生,便有教育。"在中国,一有人类存在,就出现了教育活动。经过从古至今长期的发展,教育活动在其内容、形式等各个方面都发生了巨大变化。但是传统教育观念的错误解读及其消极影响却一直存在于高职教育中。

(三)职责缺失:导师的职责模糊不清

导师,顾名思义就是指导学生的老师。所谓"指"就是要指出学生的研究思路和想法是否可行、前景如何。所谓"导"就是要引导学生继续深入,拓展思路,走到学科的前沿。正确发挥导师的指导作用,既不能面面俱到,指导过多或过细,也不可完全地放手不管,放任自流。高职院校学生的指导要讲究手段和方法,指导作用主要是点拨和把握方向、启迪和升华。导师职责作为导师指导过程中的行为准则,对导师指导程度和能力起着约束和指导作用,且应主要包括思想品德、教学、指导、科研等几个方面。良好的指导效果、丰富的教学内容、适当的科学研究是高职院校学生教育不可或缺的三个环节,也是保障高职院校学生培养质量的重要因素。

调查得知,尽管导师的职责包含了教学、指导和科研三个方面,但导师履行其职责的结果并不如学生期望的那样理想,科研导师指导频数与质量不足、教学方法单一、教学内容滞后、科研活动参与较少的现象并不少见。科研导师职责设置不够科学,缺乏指导和约束意义,使导师职责模糊不清,科研导师履行职责不当,高职院校学生在接受教育的过程中不能获得导师的有效指导,或导师的教学活动不能满足学生对于知识的需求,高职院校学生对导师的期望与实际情况的差距逐步变大。

(四)管理松怠:导师管理体制不完善

加强高职院校学生科研导师的管理,是确保高职院校学生培养质量的重要条件,也是直接管理科研导师职能部门需要认真研究与实践的重要课题。科学有效的管理体制是提高导师工作积极性、保障导师工作质量和效率的有效途径。但若科研导师队伍的管理流于形式,导师就会忽

视其职责,疏于对学生学习成绩或科研活动的关心,加剧学生对导师的期望与实际情况的落差。管理体制的不完善表现如下:

1.管理理念

管理作为一门学科,有它自身研究的对象、职能、原则和方法,这是其他专业理论所不能代替的。高职院校导师管理人员系统中具有管理学科(如高等教育管理)背景的专业人员较少,而非专业管理人员的管理理念较为陈旧、管理方法相对落后,一些管理人员依然主要依靠自身的经验进行管理,缺乏专业的引导性,不利于导师队伍的管理。

2.管理制度

遴选标准缺乏灵活性。参照教育部《关于加强和改进高职院校学生培养工作的几点意见》,导师的遴选主要考察导师的年龄、思想品德、学历、知识水平、科研能力、学术指导能力等,但在以上几个方面的实际考察中缺乏客观的衡量标准,无法准确评定以上指标。缺少科学合理的评价机制。第一,当前对于导师评价较为强调导师指导学生数量、导师发表科研成果等外在指标,无法考量导师在指导高职院校学生过程中的学术指导能力、指导成效等内在指标。第二,当前对于科研导师的评价工作,主要由学校领导及管理部门负责,缺少学生的参与,无法切实了解学生的主观感受,难以全面反映科研导师工作业绩的真实状况。缺乏有效的约束激励机制。由于我国导师制具有终身性,缺少有效的约束激励机制,科研导师工作的积极性较难调动,这导致评价考核工作仅仅流于形式,得不到落实。科研导师培训制度欠缺。导师培训制度,无论对于新进高职院校学生导师还是在岗高职院校学生导师而言,都具有较为重要的意义。但在很多高职院校中,科研导师培训制度几乎流于形式,较少真正地付诸实践。

第三节 基于科研育人高职院校导师队伍 建设策略

高职院校学生科研导师队伍的建设,不仅是高等教育事业的重要组成部分,更是影响高职院校学生培养质量的重要因素。科研导师队伍建设是一项系统的工程,欲建设较为完善的导师队伍,则应从基本原则、管理制度方面入手,需要社会、高职院校、师生等多方面的共同努力。

一、科研导师队伍建设应遵循的基本原则

(一)开放原则

随着日益复杂的社会竞争的加剧,社会各系统之间的联系越来越紧密,彼此间的依赖程度也越来越高。作为高等教育体系中的一个子系统,高职院校学生教育的发展也同样依赖于对社会系统的开放以获取活力,如果将自身封闭起来,高职院校学生教育系统将会失去与社会的联系,不利于与社会进行人才、信息的交流。

科研导师队伍建设,作为高职院校学生教育中的重要组成部分,更不应该将自身封闭起来。任何封闭系统其最终状态毫不含糊地由初始条件所决定。由此,我们应认识到,那些不注意吸收外部信息和能量的导师队伍,最终会因其缺乏与外界环境的交流难以长久发展。对于科研导师队伍建设来说,能否较好地对外开放、加强交流、广纳贤士,是建设优秀导师队伍以及保障科研导师队伍长久发展的重要条件。科研导师队伍建设的开放原则主要体现在以下两个方面:

第一,对高职院校开放。在各高职院校建设科研导师队伍时,校与校之间要适度开放、相互接轨,通过各类交流合作,加速科研导师队伍的建设,促进教学与科研水平的提高。尤其对于那些起步较晚、经验欠缺的高职院校来说,更应该多向发展成熟的高职院校,学习科研导师队伍建设的成功经验。第二,对社会开放。对社会开放的目的主要是对社会中人才、资金等的吸收,取长补短,提升科研导师队伍的适应能力和可持续

发展的能力。随着高等教育的发展,当今的高职院校学生教育早已告别以往纯学术研究的模式,而是转向产、学、研相结合的发展路线。社会中综合素质突出、实践经验丰富的企业家完全可以应聘到高职院校当中,作为兼职科研导师向高职院校学生讲授实践技能与经验,提升高职院校学生的实践动手能力。

(二)适应原则

适应原则是根据科研导师队伍建设须适应和促进高职院校学生教育的发展而提出的。我们知道,高等教育作为从属于社会系统中的一个子系统,它不能独立于社会而存在,其变化与发展都受到社会中诸多因素的影响和制约,这就决定了高等教育与社会有着密不可分的联系。作为高职院校学生教育中的重要组成部分,科研导师队伍建设直接作用于高职院校的学生教育,因此,科研导师队伍建设同样须适应和满足社会发展的需要。第一,科研导师队伍建设应适应社会对高层次人才培养的数量发展需求。我国计划招收的高职院校学生总人数逐年递增,截至2020年达到116.4万人。可见,高职院校学生发展的规模逐年扩大,为适应这一发展,科研导师队伍的发展规模也应主动适应社会对高层次人才培养的数量需求,满足高职院校学生教育的发展,以加快造就能够积极参加国际竞争的有生力量,促进科教兴国战略的实现。第二,科研导师队伍建设应适应社会对高层次人才培养的多样化发展需求。一是,科研导师队伍建设应适应高职院校学生培养目标。高职院校学生教育不仅要培养从事科研和教学工作的学术型人才,还要培养能够为国家建设服务的高水平、复合型人才。为此,科研导师队伍建设应适时调整高职院校学生培养目标,使其具有多元性与适时性。二是,科研导师队伍建设应适应高职院校学生的培养方式。随着社会及科技的发展,单纯的"课程+论文"或"教学+科研"的培养方式已不合时宜,应加强理论与实践的结合,积极运用"教学+科研+开发"的培养方式,实现教学—科研—开发一体化。

(三)合理流动原则

在美国,一般具有博士学位和科研课题两个基本条件的个人就可以获得申请导师资格。学生可以比较自由地选择导师,一般是在入学一年后才选择自己的导师,如果在以后的学习过程中发现导师的指导、研究方向等方面与自己研究兴趣有差异时可申请更换。这种导师申请和学生选拔机制,不但使学生能够自由、开放地选择导师,也能够激发导师的工作热情,并使导师资格的获取更具开放性和公平性。在高职院校学生的培养上,主要采取导师组制对学生进行培养,导师指导小组一般由2~3个导师组成,共同对学生进行指导,导师之间分工合作。学生选定一位教师作为自己的导师,该导师与其他教师一起组成高职院校学生指导委员会,并作为指导委员会主席。科研导师团队培养模式将不同学术背景、不同研究方向的导师会聚到一起,高职院校学生可以通过师生间的学术交流和探讨,学习到更加丰富的知识。

但在我国高职院校学生的培养中,基本采用单一导师制,且具有终身性。在传统观念中,导师队伍是否稳定是导师队伍发展好坏的重要评价标准。事实上,一味追求导师队伍的稳定而忽视导师的合理流动和调配,不仅不利于导师队伍的长久发展,同样也是对人才的积压浪费。因此,高职院校应赋予科研导师队伍建设一种新的"合理流动观",使人才在合理范围内不断流动,在更适合的岗位上发挥作用。此外,高职院校应尽可能地使学校与社会、校与校和学校内部不同岗位人才之间的竞争处在有利、平等的位置上,避免人才流失,处理好稳定与流动的关系,逐步调整和优化科研导师队伍建设,从而实现真正意义上的科研导师队伍建设的动态平衡。

二、高职院校科研导师队伍建设策略

(一)高职院校须完善科研导师队伍建设制度

1.落实科研导师遴选制度

多年来,我国导师的遴选基本采用了两种方式:一种是由学位授予单位的上级主管部门组织进行,一种是由学位授予单位自行组织进行。不论采取何种形式,遴选科研导师都要从学校全局出发,兼顾培养高职院校学生与本科生教学的需要,同时有利于学科建设发展,有利于学校学科结构的调整,有利于更好地培养经济建设、科技发展和社会进步需要的高层次专业人才。

第一,把控遴选条件。通过了解各知名高职院校的学生导师遴选条件可知,我国高职院校对学生导师遴选的条件在思想政治条件、学术水平、科研成果、教学能力、学历、职称及年龄方面都提出了明确的规定,其中许多条件都有量化的可操作的指标。通过调研笔者发现,导师遴选条件与硕士生对导师的期望存在一致之处:①高尚的思想道德;②较高的学术水平和科研能力;③教书育人的能力;④较高的学历。此外,在各高职院校的导师遴选条件文本中,遴选条件与学生对导师的期望也存在几点不同:①在指导学生,师生交往方面,只有少数几所大学明确提出了导师对学生的具体指导时间。事实上,通过调研我们得知,绝大多数学生都希望导师能够将更多的时间和精力投入到对他们的指导上。②多数高职院校对导师关心、尊重学生方面要求比较模糊。③几乎没有高职院校就导师对学生的就业指导做出要求,随着"就业难"的问题越来越普遍,学生希望从导师处得到更多相关的帮助。

因为各高职院校的办学理念、综合水平不尽相同,导师遴选条件也应有所侧重,不能一概而论。但结合科研学生对导师的期望,笔者认为科研导师遴选条件应包含以下六个方面:①基本条件。包括年龄、学历、职称等。②思想政治条件。品德优良,治学严谨,作风正派,为人师表。③学术条件。具有较高的学术水平、能够独立从事创造性学术研究。④科研条件。有明确而稳定的科研方向,熟悉本学科、专业科研工作的前沿情况和发展动态。⑤教学条件。有丰富的教学经验和坚实的理论基础,能够完成一定的教学任务。⑥其他条件。能够尊重及关心学生;能够给予学生就业方面的指导与帮助;能够保证对学生的有效指导;允许学生参与到其相关的科研活动当中。

第二,加强遴选管理。虽然目前我国各高职院校已建立了较为完善的导师遴选制度,但行政干预依然在某种程度上对导师的遴选存在影响,从而导致遴选机制趋于程式化、形式化等问题。因此,在遴选过程中,各高职院校应加强管理,避免遴选制度流于形式。遴选的标准应根据科研培养的特点有所侧重,最后综合判定是否具备科研导师的资格,最大限度地保证科研导师的能力和研究方向与社会需求、高职院校学生的培养相契合。

2.建立科研导师培训制度

建立科研导师培训制度,无论对于新进科研导师还是在岗科研导师而言,都具有较为重要的意义。对于新增高职院校学生导师而言,科研导师培训可以使其在短时间内明确其作为学生导师应负有的责任和义务、了解学生的培养制度和培养规律、熟悉学生培养的相关工作流程,以协助学校有关部门共同做好学生培养工作。对于在岗科研导师而言,他们已具备指导高职院校学生的相关经验,在培训过程中可以采用专题研讨、小组讨论的方式相互交流指导经验,促进高职院校学生教育的发展。科研导师培训制度应包括以下三个方面内容:

(1)制订科研导师培训计划

合理的培训计划的制订是决定整个培训工作效果的关键因素。对于培训对象、培训形式、培训时间、地点等细节都要做详细的规划。此外,培训计划要系统完整,重点突出,避免导师培训流于形式,起不到应具有的作用。

(2)规定培训内容

对于新增学生导师和在岗经验丰富的导师而言应有所差异。总的来说,科研导师培训内容可包括以下几个方面:①学习相关法律法规。在短时间内,了解和掌握高职院校学生培养中涉及的规章制度,以及先进的高职院校学生教育理念和培养方法。②校领导介绍总体情况。校领导向全体导师介绍学校高职院校学生培养相关工作的最新进展、取得的最新成果、课程及培养方式的新要求等。③专家报告。相关领域的专家向参加培训的全体人员做出具有权威性的报告。④优秀导师分享经验。经验丰富、教学成果突出的高职院校学生导师与其他导师分享教学、工作经验,交流心得。⑤分组讨论。导师在小组中进行讨论,交流与分享经验,共同进步。此外,导师培训中也可有学生代表进行发言,阐述学生期望的理想导师的形象,进而导师可以了解学生心中的想法,更好地与学生交流。

(3)培训结果考核

为了避免导师培训流于形式,在培训结束后须组织参与培训的科研导师对培训基本内容进行考核,并对培训过程发表感想或心得体会。将此次考核按一定比例计入最终的导师综合评价考核当中。

3.完善科研导师评价制度

对高职院校学生科研导师的评价是当前我国高等教育中一个非常重要却又十分困难的课题。当前的高职院校学生科研导师评价机制中,评价主体主要是高职院校管理部门、学院领导等,评价指标主要为指导学生数量、科研导师发表科研成果数量,较少关注学生的参与,忽略了学生的评价,导师工作的真实情况得不到全面、真切的反映。

第一,评价内容。以对学生的培养为主。科研导师对高职院校学生的指导对于高职院校学生的培养十分重要。学生的学术水平也可从侧面反映出导师对高职院校学生的培养质量,这也是导师评价的重点和核心。科研导师对学生学术的培养评价可以大体分为两项:过程的评价和结果的评价。过程性评价体现在科研导师指导高职院校学生的过程中,通过科研导师对高职院校学生的指导频率及指导时间来考核。由于师生个体、学习内容、指导方式的差异,导师的指导频率不宜采用统一的标准,但必须就最低指导频率及指导时间做出硬性规定。结果性评价主要指高职院校学生的论文数量、质量、相关获奖情况等。高职院校学生学术成果的考核操作起来相对简单、客观,且与导师的指导有着直接关系。因此,可作为评价导师指导水平的最重要的指标。

第二,评价形式。开放式公开述职。述职,古时指诸侯向天子陈述职守,如今泛指下级干部向上级干部汇报在一定时间内的工作实绩、问题和设想的自我评述制度,将这一制度借鉴到导师评价当中,对导师的评价采取"公开评述、公开打分、公开结果"的方式。导师队伍是一个文化水平高、自我意识强、注重声誉的知识群体,在此制度的督促下,导师便会在平时加强对高职院校学生的指导和帮助,这对导师来说也是一种自我约束和自我评价。

第三,评价结果。公开式评价数据库。对于科研导师的评价评定之后,高职院校应在相关网站上建立开放式数据库,将科研导师个人基本信息、学术成果、指导学生情况、同行或专家评语、导师评定的结果等显示于此,供广大师生查阅,也可对评定结果优秀的科研导师在网站上给予标示,如星级导师等。这不仅是对科研导师的一种肯定,对于其他科研导师也有一种激励作用。

4.建立科研导师协作制度

随着我国高等教育改革的不断深化,高职院校学生规模的不断扩大,学术研究中研究问题的不断复杂化,学科之间的日益交叉、融合,单一导师制的弊端逐渐显现出来。由于导师的工作、政务繁忙,精力、知识背景受限等原因,单一导师的指导已逐渐不能满足高职院校学生培养的需求。基于此,为了弥补以上弊端,高职院校学生导师组制应运而生。导师组即由多位导师组成高职院校学生指导团队,每名高职院校学生由一位导师主要指导,同时接受多位导师辅助指导,导师组共同制订并实施高职院校学生培养方案的一种高职院校学生培养模式。

第一,在导师组的构成上,可将同一级学科不同专业特长的导师组建成组,且主要以本专业的导师为组建基础,本专业导师至少2人,年轻导师至少1人,每个导师组成员4~5人。此外每组中应至少包含1名专家或教授作为组长,其他副教授或讲师辅助、配合其工作。这样的构成,不仅使得导师组年龄结构合理,导师的精力、阅历经验相互搭配,也使学生可以从不同的导师处习得不同的知识,扩充了学生的知识结构。

第二,在导师组成员职责的划分上,为了避免导师组制度流于形式、导师组成员职责不明的问题,应规定、细化每名成员的职责,建立一主多辅导师机制。即高职院校学生的培养过程由本专业的一名导师作为主导师,其他导师辅助其制定高职院校学生学术科研整体规划、安排学术科研任务、指导学术论文等。导师组成员不应无故逃避责任,组长有权对其他成员进行批评指正,以保证导师组工作的顺利开展及高职院校学生培养的顺利进行。

第三,建立组间的交流机制。导师虽是某一学科的专业人士,但毕竟每位导师的观点不可能完全一致,这就容易在学术问题或高职院校学生培养方案上产生分歧。为避免这一问题,导师组应在每周至少开展一次集体交流会议,以例会的形式就分歧较大的问题进行探讨。这样一来,组员间不仅可以交流经验、掌握高职院校学生各方面的情况,还能够调动每名组员的工作积极性,各自发挥所长形成学术与科研上的合力①。

(二)科研导师应了解学生的期望

1.构建和谐师生关系

科研导师与高职院校学生间的关系贯穿于高职院校学生教育的始终,师生关系的融洽程度直接影响着高职院校学生教育的顺利进行。因此,构建以下几个方面和谐的师生关系,对整个高职院校学生教育起着至关重要的作用。

第一,指导与被指导的关系。作为高职院校学生的指导者,导师应掌控好指导的频率、时长、深度等,在指导过程中,科研导师应给学生以学术上的民主与自由,鼓励学生形成自己独到的见解。高职院校学生在接受指导时也应虚心、礼貌,遇到问题及时向科研导师请教。第二,一对多、多对一的双重关系。这种双重关系,主要指一名导师不止指导一名学生,而一名高职院校学生虽指定了一名导师,却还要接受导师小组的培养与指导。这种双重互动关系,一方面有利于高职院校学生博采众家之长,提高科研水平;另一方面有利于高职院校学生培养效益的提高。第三,科研合作的关系。科研导师应与学生共同开展科研活动,在科研过程中,高职院校学生可以发挥自己的长处,并从中增长知识、能力、经验。师生间应尊重彼此的劳动、共享科研成果,建立起平等、和谐的师生关系。第四,关心爱护与严格要求的关系。一方面,科研导师要关心学生的生活、思想上的困惑和解决学习上的疑难;另一方面,关心不等于迁就。严师出高徒,对于学生在学术或其他方面犯下的错误,应及时对其

---

①沈晓婷.浅析高职院校职业导师队伍建设——以苏州健雄职业技术学院为例[J].经贸实践,2015(14):228.

进行批评教育,以《中华人民共和国学位条例》为准绳,以学校的规章制度为依据,对高职院校学生的思想品德、学习态度、学习成绩、论文质量等方面提出严格的要求。

2.更新教学方法与内容

对于高职院校学生而言,课堂仍然是丰富知识储备的重要场所。在课堂当中,导师作为知识的传授者,所教授的教学内容与所实施的教学方法是师生公认的影响教学质量的重要因素。

在教学内容上,随着科学知识日新月异地发展,陈旧的教学内容已明显跟不上高职院校学生对于知识的需求,教学内容的创新要与学科的发展紧密结合起来。在课堂上,科研导师应就有关当前学科的热点问题与学生进行探讨,鼓励学生提出独到的见解,培养其逻辑思维能力与语言表达能力。在教学过程中,科研导师应找准学科间的交叉点,通过学科间的交叉融合使高职院校学生能够融会贯通、举一反三。

在教学方法上,讲授法是教学过程中最常用的教学方法之一。但如果一味地采取这种方法,就会使课堂变得枯燥乏味,使学生失去听课兴趣。因此,科研导师在授课过程中,应根据学生的知识储备、兴趣爱好、学习动机等方面的差异将讲授法与研讨法、探究法、对话法有效地结合起来,使课堂变得丰富、多元、有趣味,以激发高职院校学生的课堂热情。此外,科研导师应具有教学方法改革的能力,根据教学的实际情况,及时调整教学方法,并适当加以个性化创造。

3.转换科研导师角色

优秀导师在高职院校学生教育中担当多重角色,发挥重要作用,科研导师灵活的角色转换不仅能够适应高职院校学生规模的不断扩大、培养模式的不断创新,更能够贴合学生对科研导师多元化的角色期望,以保障学生的培养质量。在高职院校学生扩招、科学技术日新月异的新形势下,导师不仅要履行指导学生学习、科研活动等职责,还应协助学生完成科研课题、疏导学生的心理压力、推荐就业单位等义务,扮演着指导教师、朋友、就业指导顾问等角色。

（1）科研导师承担着学术教导者的角色

导师的学术水平是影响高职院校学生培养质量的关键因素,同时也是很多学生选择导师的重要考量标准。在整个高职院校学习阶段,导师对学生的学术指导,不仅是专业知识的传授、学习方法的指导,还应在学习的目的、做学问的态度、专业理念等方面进行指导,让学生克服浮躁的心理和急功近利的心态,树立严谨的治学态度及良好的职业道德,培养其严谨治学的耐心、细心、恒心和敢于创新的精神。

（2）科研导师还承担着职业生涯引路者的角色

《学记》中有云:"善歌者使人继其声,善教者使人继其志。"导师的思想品德、言谈举止和学术修为对高职院校学生的影响是潜移默化、多方面的。而这些综合素质将体现在他们今后的职业生涯中。为丰富高职院校学生的职场经验,增加高职院校学生的就业机会,科研导师可以帮助学生参与到相关的工作岗位当中,积累工作经验,引导学生做出恰当的职业选择。

总之,在导师角色转换过程中,师生间必然会出现新的问题,这就需要科研导师适当转变角色,多角度、多侧面地思考这些问题。尽可能多地与学生进行交流,以顺利地解决问题,营造轻松、融洽、和谐的学术氛围。

4.细化科研导师职责

导师职责作为导师指导过程中的行为准则,对导师的指导行为起着督促和约束的作用。导师职责的细化,不仅有利于工作的完善,更有助于高职院校学生培养质量的提升。为完成高职院校学生的培养任务,确保高职院校学生培养质量,认识高职院校学生指导工作的重要性,科研导师应履行如下职责:其一,科研导师应促进高职院校学生思想品德、智力、身心等方面的全面发展,要对学生严格要求、加强管理、言传身教、以身作则,教导学生端正学习态度,树立刻苦勤奋和求实创新的良好学风及勤俭节约的生活作风。其二,科研导师应热爱教育事业,并认真制定培养高职院校学生的各项规定和管理办法,本着对高职院校学生高度负责的态度,不断提高自身的思想和业务水平。自觉贯彻执行国家和学校高职院校学生培养工作的要求和规定,定期向上级报告学生培养工作情况,积极提出改进意见。其三,参与制订高职院校学生的招生计划,在学生入学前,配合学校有关部门做好学生的入学考试命题、评卷、复试、录取及其他相关工作,确保录取新生的质量。高职院校学生入学后,导师应及时了解所指导学生的全面情况,制定培养方案。其四,科研导师应认真承担课程教学,及时将专业相关的最新成果融入教学当中。积极探索科学的指导方法,严格指导高职院校学生的课程学习和科学研究,掌握本学科的科研成果和学术发展动态,使高职院校学生具备一定的科学研究能力和科学创新能力。其五,全面负责高职院校学生的学术指导情况,包括指导高职院校学生的日常学术活动、选择研究方向、确定研究课题、最后选定论文题目、制定论文写作计划等。并规定指导的最低频率、定期检查高职院校学生的论文完成程度等。若导师因公外出,应安排好导师离校期间的学生的指导工作。其六,负责学生的就业指导以及心理疏导工作。随着社会的发展,高职院校学生教育规模的扩大,学生毕业之后并不像以往那样"抢手"。学生毕业之后直接进入待业状态的情况屡见不鲜。加之,毕业之后的就业、婚恋、经济、人际关系等各方面的压力,通常使得学生产生心理问题。尽管导师可能不具备直接为学生安排工作或专业心理咨询师的能力,但由于其丰富的工作经验,以及在学生心目中较高的地位,通常会在学生的就业指导与心理疏导工作上起到重要作用。

第四章　高职院校科研育人的路径——科研活动

第一节　科研活动概述

发展是第一要务、创新是第一动力、人才是第一资源,高职院校在其中扮演着重要角色。高质量科研成果的研发与应用必然需要高水平的科研人员的支撑。高职院校的科研活动在培养高素质的科研人员中起着重要的作用,在提升培养人才质量上发挥着"驱动力"的作用。随着国家和社会发展对人才需求的不断提高,科研工作者在社会发展过程中也越来越受到重视。想要以科研进展推动社会经济的发展,就需要正确的价值导向作为精神引领和思想保证。引导高职院校科研人员树立正确的价值取向已经成为一个不容忽视的问题,这是学校人才工作的重要内容。

一、科研活动的含义

国内对科学研究尚未形成统一的界定,对"科研活动"这一概念,一般将其与"科学研究"通用,本文也沿用这一说法。在分析科研活动已有研究文献资料的基础上,按照所界定重点的不同,本研究将有代表性的定义分为以下四类:

第一,强调科研活动的目的。教育部对科学研究做了界定,将其定义为:"为了增进知识包括关于人类文化和社会的知识以及利用这些知识去发明新的技术而进行的系统的创造性工作。"可以发现,这一界定明确指出了科学研究是一种系统的创造性活动,"系统性""创造性"的特点都强调了科研活动的目的,认为进行科研活动不仅是"增进知识",而且要"应用知识"。

第二,强调科研活动的基础或前提。有代表性的主要是范印哲主编的《大学教学与教材概论》和薛天祥主编的《研究生教育学》两本教学用书。范教授将科学研究界定为"在继承前人知识的基础上,对一些未知的东西进行探索、试验,从而有新的发现"。薛教授认为,"科研是一种创造活动,是在全面了解和掌握前人积累的知识和经验的基础上发现新知识和形成新技术的活动"。可以看出以上两位学者的表述基本相同,都强调了科学研究继承性和创新性的特征,继承是科研活动顺利进行的基础和前提。

第三,强调科研活动的方法。如顾明远主编的《教育大辞典》、赵文彦主编的《科学研究与管理》和俞家庆主编的《教育管理大辞典》都从科研活动采取方式方法的角度对其进行了概念界定。顾明远将其界定为"运用科学方法探索事物的本质及其运动规律的活动"。赵文彦则更加强调方法的具体化,提出科学研究是"通过观察、实验、比较、分析、归纳的方法,取得感性资料并把这些资料加以研究,提高到理性高度"。

通过比较不难发现,3位学者的观点都认为科研方法是科研人员从事科研活动不可缺少的必备方法论知识,更显现出其在科研活动中的重要性。

第四,注重科研活动的对象。最具代表性的观点出现在刘文义主编的《现代汉语新词典》中,他强调科学研究的对象,指出科研活动的对象和范围不仅包括自然科学领域的知识,也包括人文科学和社会科学领域的知识,认为科学研究是指"对自然界社会和思维的知识体系所进行的探索性活动"。

二、科研活动的特点

(一)科研活动是一种精神生产

科研活动既是一种精神活动,又是一种以生产精神产品为主的社会劳动。科学研究不同于一般物质生产劳动的根本点就在于它所产生的产品主要是精神产品,是各种概念、范畴、定律、理论、学说、战略思想、工作方案、管理方法等,而不是像物质生产那样主要生产物质产品。从整

体上看,科学研究还包括实验活动、理论研究和应用研究;理论研究主要
是研究者对已经掌握的各种事实材料,包括别人的和前人积累下来的思
想资料进行抽象概括和逻辑分析,并在此基础上进行科学幻想、直觉思
维、提出假说等。

这些复杂的思维活动在科学研究过程中发挥着相当重要的作用,充
分体现了科学研究作为一种精神生产活动的特点。与这种理论活动的
特征相联系,科学研究是一种以智力活动为主的社会活动。虽然开展自
然科学研究和社会科学研究,如进行科学实验、实地观测、社会调查、综
合考察等,都要付出一定强度的体力,甚至有时这种体力的劳动还是十
分艰苦的;但从总的情况看,脑力劳动仍然是科学研究的基本特征,在科
学研究中,人们还通过自己的智力活动去认识和揭示客观世界的规律。

(二)科研活动是一种创造性、探索性实践

科研活动是一种创造性、探索性的劳动,创造与探索是科学研究的灵
魂。无论是新的现象与规律的发现和揭示,还是一种新的思想理论的建
树,乃至新技术、新工艺、新产品的问世,都是科学研究工作者探索和创
造的结果,一切对已知结论的重复和对前人行为和劳动操作方法的沿
袭都不能和科学研究活动同日而语,然而,也正是这种创造性特征决定了
科学研究工作对于促进人类认识和社会发展不可替代的意义和作用。
强调科学研究活动的创造性特征,就是为了进一步提高全社会尊重科学
劳动、尊重科学工作者、尊重科学知识的意识,同时也将进一步增强和激
发青年大学生热爱科学、献身科学的信念和热情。

科学研究是一种以未知的事物、现象为对象,变"未知"为"已知"的
探索过程,没有探索就没有发现和发明,就没有新的科学理论和科学技
术的产生。纵观中外科学发明史,人类的创造活动就是一部不断对自
然、社会和人类自身各个方面进行深入探索的历史。那些杰出的科学
家、发明家用他们对科学技术事业的执着追求与探索精神,为后人留下
了许许多多动人的故事。科学研究这种探索性的劳动,是一种极其复杂
和艰苦的劳动。同时这种探索性劳动还必然地伴随着一定的风险,成功
和失败的机遇同在;它需要科学工作者坚忍不拔、百折不挠的意志和毅

力,不畏劳苦、勇攀高峰的思想和精神境界,需要脚踏实地、严谨求实的学习态度和工作作风,更需要敢于承担风险和承受失败与挫折的心理素质和能力。

对于当代大学生来说,在刚刚走上科学之路的时候,首先要充分认识到科学研究的意义以及它作为人类社会的一种特殊劳动所具有的复杂性和艰巨性,并在此基础上确立正确的科学研究意识与理念,同时也为今后的科学研究活动奠定良好的心理基础。

三、高职院校科研活动区别于普通高等学校的特征

2020年,教育部的统计数据显示,我国共有高职(专科)院校1468所,占同年高等学校总量的53.062%。高职教育作为高等教育的重要组成部分,在规模上已经占据半壁江山。由此可见,高职教育在整个国民教育体系中占有重要的地位。高职教育肩负着培养多样化人才、传承技术技能、促进就业创业的重要职责,虽然与普通教育相比是不同类型的教育,但二者具有同等重要的地位。

科学研究作为高职院校的重要职能之一,对学校自身和地方经济的发展影响巨大。但在实际工作中,不少科研工作者和管理者对其思想认识不清、价值导向不明,社会定位不准,导致科研工作缺乏重心和着力点,严重阻碍了高职院校科研活动的开展。只有厘清上述问题,才能正本清源,从根本上扭转高职院校科研活动的颓势,实现高职院校科研活动的良性发展。职业教育作为区别于普通教育的一种类型,既有教育的共同特征,也有职业教育的特殊属性。高职院校与普通高等学校一样,具备教育的三大职能,需要履行为社会培养高级专门人才、开展科学研究及社会服务的职能。但是从高等教育三大职能的角度来看,高职院校的功能和价值,与研究型大学、应用型院校有着本质的区别。

高职院校科研活动的内涵和定位与普通高等学校有本质的区别。当代知识经济学理论认为,人类知识的价值经由生产、流通、消费、增值和再生产的过程得以实现,因而高职院校科研活动的价值也就在于知识的流通、消费和再生产,具体体现在知识的收集、整理、传播、转化、应用以及改造创新。从知识经济学的视角看,高职院校与普通院校的科研活动

具有同等重要的地位。

四、高职院校科研活动的价值导向

为了实现高职院校科研活动的可持续、高水平的发展,我们需要结合高职院校的发展实际及其功能价值,遵循科学研究的规律,进行科学定位,明确科研活动的价值导向。2000年,《教育部关于加强高职高专教育人才培养工作的意见》中明确指出:高职院校要积极开展科技工作,以科技成果推广生产技术服务、科技咨询和科技开发等为主要内容,积极参与社会服务活动。要注意用科技工作的成果丰富或更新教学内容,在科技工作实践中不断提高教师的学术水平和专业实践能力。高职院校的科研活动应当坚持以人才培养为中心,以实现教师和学生群体共同成长为目标,以服务地方经济发展为基本价值导向,贴合行业、企业的生产实际进行科研创新活动[1]。

(一)反哺教学,聚焦人才培养首要任务

高等学校的根本宗旨在于培养德才兼备、全面发展的专业人才,高等学校的一切活动,不仅要服从于这一根本宗旨,还要有利于这一根本宗旨的实现,科学研究也不例外。高职院校具有高等学校所共有的特征,因此,人才培养,尤其是高技能人才的培养是高职院校的中心工作和首要任务。作为人才培养的途径之一,高职院校的科研活动也必须服务于人才培养这一根本宗旨。

科研活动具有反哺教学的必要性和可能性。教育教学与科学研究,是源与流的关系。教学是科研的前提和基础,科研是教学的提高和升华,教学与科研是相辅相成、相互促进的关系。在教学活动中,为了促进教学质量的改进,教师通过对教育实践过程的反思,探索新的教学手段、改进教学内容,又将科学研究的结论再运用到教学实践中去,进一步印证和改进,从而实现转变固有的教学观念,改变旧的教学方法,以此形成"教学—科研—教学"的良性循环。这样,能够有效提升教育教学效果,

---

①谭雪梅.赢在共融:高职院校校企合作案例研究[M].武汉:湖北科学技术出版社,2017:36-41.

还可以使得科学研究活动变得有理论支撑和事实依据。

(二)找准定位,服务地方经济社会发展

高职院校科研活动服务于地方经济社会发展的定位和价值取向,是高职院校科研活动的出发点和落脚点,也是高职院校实现科研活动高水平发展的根本所在。高职院校一般"出生"在地方,"成长"于地方,与地方联系密切,在服务地方经济和社会发展方面具有一定的优势。高职院校的科研活动与普通高校进行的基础性研究活动不同,高职院校进行的应用研究注重对现有知识的传播和应用,侧重于解决现实中的问题,相比基础研究,应用研究周期短,能够快速、直接地解决地方经济社会发展中的难题,深受地方、行业和企业的喜爱。高职院校只有服务于地方的发展,才能够获取生存和发展的资源,实现高职院校科研活动的高水平发展。

(三)需求导向,满足企业实际需要

贴近企业实际需求进行科研活动,是高职院校科研的命脉所在。研究型高等院校的科研活动基本以基础理论研究为主,贴近科技前沿,具有"高精尖"的特点,而高职院校的定位决定了其不必追求重大理论研究和科学发现,不必强调科研的原始创新和新理论的构建。高职院校科研活动的着力点,应该以应用技术研究为基本价值导向,面向生产一线,紧贴地方产业和企业发展需求侧,在企业的生产一线找难点、找项目,为企业解决生产、管理、服务等生产运行过程中所遇到的瓶颈、难题,切实解决企业生产发展的现实问题,为企业服务、为行业服务、为地方服务,不断增强高职院校服务地方经济建设的能力和提高社会发展的水平,促进行业、企业和区域经济的发展。

(四)提高能力,助推师生共同成长

在高职院校教师团队建设中,将教师视为学校第一位的人力资源,学生是高职院校培养和教育的主体,师生的成长直接关系着高职院校未来的发展,高职院校的科研活动必须有利于师生成长。高职院校的科研活动,并非一定强调利用科研项目让学生获得知识的完备性与系统性,而是强调学生能够做到学以致用,注重培养学生运用知识、获取知识、共享

知识、总结和传播知识的能力。高职院校的科研活动,过程比结果重要,失败的科研项目也是创新的结晶。从兴致勃勃地立项、研究,到口服心服地承认失败,学生不仅能进一步巩固所学专业理论知识,还能够在实践能力、创新能力、心理素质、团队协作、动手能力等各个方面得到有效的训练和提高。

教师在科研活动中能够不断探索改变传统的"重理论、轻实践"的课堂教学模式,反思自身的教学活动,从引导学生自主学习出发,围绕职业技能的培养,形成任务驱动、行动导向的"教、学、做"一体化教学模式,提高教师的教育教学能力。同时教师在科研活动中能够紧跟行业发展前沿的科技和资讯,也可以在科研活动中提高动手能力,不断丰富自己的专业知识,增强科研技能,提高科研素养。

五、高职院校科研活动价值取向的实现路径

(一)科研活动服务地方经济社会发展

高职院校必须找准发展定位,坚持办地方满意的职业教育。在自然科学和工程技术领域,结合地方经济建设和社会发展的战略布局来组建高职院校科研团队,以地方经济社会发展难点、痛点为高职院校科研活动的主攻方向,立足于地方产业发展需求进行研究、开发和技术创新,培育独特的科研发展方向。

在文化、经济、管理等领域,充分发挥高职院校的人力和智力优势,为地方经济社会发展、政府决策、企业管理等提供决策咨询;找准地方经济社会发展中具有较大经济效益和社会影响力的研究方向,挖掘具有地方特色的、有潜力的文化资源,实现研究成果真正服务于地方政治和文化建设。

(二)深入企业找项目,贴近企业需要搞科研

企业在其发展过程中,为了增强其自主创新能力和市场竞争力,有大量的新信息需要整理、新技术需要消化、新问题需要解决,也就需要高职院校在重视应用技术研究的同时,在项目立项阶段鼓励教师深入企业进行市场调研,弄清市场需求,积极寻找为企业服务的突破点,利用自身的

优势,为企业提供技术或咨询服务,参与企业的技术攻关,联合企业进行技术研发,帮助企业解决生产过程中的诸多问题。

职业院校需要出台相应政策,鼓励教师与企业联合开展横向课题的研究,提倡教师根据自己的专业特点,选择企业作为技术合作的单位,通过技术开发、咨询、服务、技术改造、技术引进、转化与推广等方式为企业提供技术服务,在技术服务中探索项目研究的重点和解决方法,在生产一线中捕捉项目难题,真正实现高职院校的科研的灵感来自现场、科研的过程贯穿于现场、科研的结果应用于现场间。

(三)科研项目提升学校内涵建设

相对于应用技术研究面向行业、企业与生产一线,高职院校教学研究主要体现在提升学校内涵的建设上。随着社会的发展,高职教育在实践发展过程中也会产生许多新的问题,同样也会衍生出新的教育方法和理念。在新的教育理念和方法的指导下,教师和教育管理者通过开展教学调研和实验等,寻求新的解决方法,不断丰富和深化高职教育理论,为高职教育事业发展提供实践的支持,帮助高职院校改进管理、提高质量、加快发展。同时,这一过程也提高了教师的课堂教学和实训实习水平,提高了学校培养人才的质量。高职院校在发展的实践过程中所面临的问题,大致可以分为教育教学过程中的微观问题和教育教学管理中的宏观问题两个方面。

第一,在教育教学的实践过程中,教师会不断遇到教学内容、教学方法、教学手段、学生管理等现实问题。教师是教育教学过程中的实施者,在对教育过程微观问题的研究中,教师处在有利的位置。因此,充分调动教师群体的积极性,使其将先进的教育理念、方法、技术和手段融入教学,并结合课堂实际选择和探索优化组合教学方法,提高教学质量,促进学校教育教学改革,提高人才培养质量是高职院校需要着重开展的工作。

第二,对高职教育发展过程中面临的办学定位、办学特色、人才培养模式、办学理念、师资队伍建设等宏观问题,则需要由专职人员组成课题研究小组进行研究。学校定期召集科研人员组成专业团队,围绕高职教育发展和改革实践中出现的新情况、新问题进行研讨,构建有计划的课题研究网络,形成国家级、省部级、市厅级等多个层次的课题研究体系,在研究过程中不断探索和改进教育思想、教育观念、人才培养模式等,以科研活动促进教育教学质量的提升。

(四)科研活动助推师生成长

1.科研活动助推教师专业成长

教师是科研活动的执行者,科研活动是教师专业成长的最重要方式。在科研过程中,教师通过自觉的、有意识的探索学习,能够增强其科研意识;不断主动学习科研项目所涉及的基础理论(比如教育学、心理学、社会学等科学知识),丰富自身的知识体系。通过科研过程的选题论证、方案设计、资料收集等各个环节的训练,教师的科研能力能够不断增强。科研过程中,不断探索、求真,能够培养教师形成坚定的意志、严谨的学术态度和勇于面对失败的科研精神。

2.科研活动助力学生成长成才

学生参与科研活动的过程,就是学生成长的过程。科研实践活动能够有效培养学生的动手能力、实践能力、逻辑思维能力、团队协作能力,对学生走上科学研究的道路影响重大。全方位实现人才培养目标,高职院校必须坚持以人才培养为中心的教育理念,在制订和完善人才培养方案时,注重将科研活动作为一种有效的教学资源,鼓励将科研活动融入教学,并成为教学的重要组成部分。在教学过程中,可以将教师科研过程和结果作为一种辅助的教学资源,将科研工作作为教学的延伸和补充,实现科研活动的教学化。鼓励学生参加科学研究、技能竞赛和科技社团活动,在科研实践中不断提高学生的综合素质和能力。

要实现科研的过程和结果最大限度地融入教学过程,科研活动就需要吸引学生参与,需要教师在制订科学研究的计划和方案时,有意识地对学生的创新能力、问题解决能力等进行专业训练。在研究过程中,学校要制定规范,要让教师对学生进行全方位指导,让学生在科研过程中成为教师的助手,鼓励学生进行主动探索,真正发挥科研活动对人才培养实质性的支撑、引领、反馈和促进的作用。

第二节　高职院校科研活动的现状

一、高职学生参与科研活动的意义

大多数人会认为,科研是硕士、博士、研究人员、高校教师的事情,与大学生没有什么关系,与高职学生更是没有关系。然而,经济的飞跃发展对人才综合素质要求越来越高,仅有书本知识显然是无法适应时代发展要求的,作为以职业能力为特征的高职学生而言,激发其潜在的科研能力,探究提升科研能力的途径,是培养其综合能力的重要途径之一。

(一)有利于提高学生学习专业知识的积极性

在高职院校中,教师一直为那些学习目的性不明确、学习态度不端正,甚至忽视专业学习和抄作业等现象所困扰,学校往往要花费很多精力去解决这种不良现象。学生参与科研活动,能够有效抑制浮躁心理,使学生认识到学习专业知识的重要性,实现"要我学"向"我要学"转化,为融入职业活动奠定基础。因此,引导学生参与科研活动能够使专业知识更好消化与吸收,更好理解专业知识,提升学生运用专业知识解决问题的能力。

(二)有利于锻炼学生的多种能力

以国际经济与贸易一类的软科学课题为例,需要经历开题、调研、数据整理和研究报告写作几个阶段,除了锻炼学生逻辑和有序工作能力外,还能提高学生的文字组织能力、与人沟通与协调能力。这种结合课题主题,培养学生多种能力的过程是一种行之有效的传授与运用知识的途径,这种在全真环境下的学习过程,体现了高职院校培养学生模式从单纯性传输向"主动寻求"的转变。

(三)培养学生团队合作精神

一项科研实验从实现顶层设计的选题、文献检索、研究申报书策划到调研、数据整理等项目实施。一是需要一个团队,该团队要兼备与体现出良好的组织能力、调研能力、写作能力。并围绕不同阶段任务,设置不同的路径。二是应对调研过程中出现各种偏差,辨别数据的真伪,筛选和整理各种数据。三是利用专业知识进行判断、分析,得出研究的最终结论。在上述过程中,学生始终要面对各种错综复杂的关系,需要应对与抉择个人与他人、个人与团队、名利与责任的得失,处理各种纠结与纷争,使学生集体观念、团队协作能力得到进一步提升。

(四)有利于提高学生专业以外的软实力

毋庸置疑,科研活动除了实验、调研外,还需要经历选题、申报、立项、调研、撰写研究报告/论文等一系列文字撰写过程,其中选题和申报是获得立项的基础,就像企业"走出去"参与国际竞争,在规定时间内完成制作投标文件一样,投标文件质量高低直接决定了企业能否在竞争中处于主动地位,获得国外客商/业主的订单或项目,这种企业的"软实力"具体体现在个人的专业以外的文字组织能力。试想,一旦学生在学校阶段参与了科研活动的全过程,其专业以外较强的"软实力"会给企业带来可观的利润,实现企业的可持续发展[①]。

二、高职院校科研活动现状

(一)学院科研活动管理概念模糊

高职院校的科研具有两大作用,一是为高职院校课程建设和教学改革提供理论知识,二是支持区域经济建设,为社会提供技能型人才。但我国高职院校普遍存在科研管理概念模糊的现象,认为科研管理是本科院校搞的事情,高职院校应该把重心放在教学上面,教师们开展科研工作缺乏积极性,科研功利化,科研仅仅出于评职称需要。作为科研行为的指导思想,高职院校的科研管理理念存在错位。

(二)科研活动管理方式落后

部分高职院校科研管理工作基本依赖人工操作。不论是科研项目的

---

①林华.高职院校科研项目档案管理的现状及对策[J].山东档案,2011(1):29-30.

立项与结题,还是科研工作量统计、科技成果鉴定,各个工作所涉及到的文件通知都是传统书面通知,导致科研管理人员工作效率不高,任务繁重,也容易造成信息滞后、纸张成本高、沟通效率低等一系列问题。

传统的科研管理也无法满足科研人员对科研信息的及时、准确、高效的获取,造成信息传递的堵塞,流转失真且速度慢等弊端。由于科研管理信息化程度不高,科研人员之间也缺少必要的交流和沟通,科研成果相互参考和寻求科研合作比较困难,科研资源的共享程度低。

(三)科研活动管理制度生搬硬套

高职院校发展进程不长,在管理制度建设上缺乏丰富的经验和理论借鉴,加上高职院校科研管理意识缺位,忽略自身的办学特点和办学背景,部分高职院校生搬硬套本科院校的科研管理制度,其中不乏研究型大学的科研管理制度。这些管理制度并不适合高职院校应该以应用技术研究作为重点的科研功能,制度导向偏向本科院校科研工作的基础理论研究,这种科研导向无法提高学院教职工的科研水平,反而降低了学院科研工作的活力。

1.管理制度重数量,轻质量

高职院校的科研工作大多数停留在教学科学研究的层面,并且学院常以论文发表的数量作为教职工科研能力的考评标准,发表的论文越多,视为科研能力越强。现有管理制度忽视论文发表的质量,大部分研究内容重点探讨教育科学研究,对自身特点认识不足,缺乏对应用技术的科学研究重视,使得学院级项目中的技术改进、产品设计等服务区域经济的科研项目较少,从制度上缩小了高职院校科研的内容和范围,降低教职工应用技术研究积极性,不利于应用技术教学改革和人才培养,阻碍学院服务社会,推进区域经济发展的力度。

2.科研评价制度缺乏激励性

我国高职院校普遍制定了科研项目管理及奖励办法,但大部分没有形成适应自身办学特点的科学的评价机制。主要评价依据仍然是论文发表数量、科研基金金额和等量化数据作为科研成果评价价值,不是以项目是否促进区域经济发展,成果推广是否能转化为生产力,带来绩效作为评价依据。这种仅仅以各项指标的数量来衡量科研人员的科研水平和对学院贡献的评价机制,轻视了科研成果效益,评价方式简单化、唯数化,不利于学院科研工作健康发展,不利于教师科研积极性提高,使得一些有可能推广后产生巨大经济效益的科研项目评价过低,老师的科研热情降低。

(四)教师科研活动能力不足

教师作为科研活动的实践者,是科研管理辐射的对象。部分高职院校未定期对教师开展科研能力进行再培训。教师在日常工作中,要承担繁重的教学任务,很难抽时间去搞科研、搞项目。教师参加全国性学术交流的机会不多,学院在学术信息检索资源的投入不足,使得科研信息获取的渠道不畅,科研能力就很难提高。学院院级课题数量有限,横向合题屈指可数,有意向的教师参与科研实践的机会不多,途径狭窄,使得教师科研能力停滞不前,心有余而力不足。

(五)科研活动合作分散,未形成团队

在高职院校中,科研团队通常是以项目为导向来组建的,并且项目多由高级职称的教师主持,青年教师参与机会少,未形成梯度明显,具有规模的科研团队。这是导致高职院校科研能力不高、基础薄弱的一个重要成因,再者,青年教师教学任务重,中青年骨干科研人员数量较少、专业带头人及科研梯队的建设相对滞后、研究方向分散,导致科研队伍不够稳定、科研效率不高。且不利于培养青年教师科研能力。

(六)忽视科研活动中的成果转化

为地方经济服务,服务企业需求,是高职院校可持续发展的必由之路。但现实中,与企业合作的项目较少,是大部分忽视科研管理的高职院校的共同特点,高职院校承担的项目中,最多的是纵向项目,横向项目屈指可数。且仅重视科研项目的数量,在教育教学技术方向反复立项、重复立项。研究成果大部分停留在理论层次,研究成果缺乏推广应用的价值,造成科研资源的浪费。

其原因在于教师研究方向偏向教育技术方面,研究方向没能围绕地

方经济发展来思考,缺乏将成果转化为企业生产力,提高科研效益的意识。应用技术科研能力不高。

(七)科研意识薄弱

科研意识薄弱主要体现在学校层面和学生个体身上。从学校层面而言,传统的教学方式是我国高等教育的基本特征,其实验、实践活动大多是在既定模式下完成,是一种验证式教学过程,这种教学模式忽视学生创新意识的培养以及科学求真务实和探索精神。从学生个体而言,学生进入高职院校学习,存在一定的心理落差,加之专业知识的"空白"与"盲点",科研意识薄弱成为一种"自然现象",学生参与科研活动的意识更加淡薄。

(八)缺乏参与科研活动必要的文字功底

按各地高考录取规则,高职学生往往以第三、四批次顺序录取,入学前各项技能相对较弱,尤其是文献查阅、文字组织归纳与总结等方面的能力与本科院校学生存在明显差距。加上只有2.5~3年的在校学习时间,对专业实践性动手操作兴趣往往高于枯燥的理论学习,这种先天的不足和学习时间上的缺陷,使高职学生参与科研的劣势更加明显。

(九)缺乏扎实的专业基础

毋庸置疑,学生参与科研活动应该是高职院校教学过程中不可或缺的实践活动,由于学生尚处于学习阶段,许多专业理论知识尚在形成过程中,对实践中出现的现象不能形成有效的理论解释或对理论知识进行有效实践验证,尤其是对于那些需要有前置准备活动的科研活动,学生更是觉得无从下手。这些涉及科研活动的最后数据及实验参数筛选乃至最后阶段的文字性工作,不仅与文字功底有关,更离不开教师的指导。

(十)缺乏科研活动制度层面的保障

现今,高职教育已经形成了多层次的人才培养模式,尤其是细化了高等职业教育的教学、教师、学生管理等方面的基本制度,但是在培养和实施研究性学习、自主性学习以及通过实习强化应用能力等几方面尚处于探索阶段,并没有形成一整套完整的培养机制,更没有相应的激励机制。

第三节　高职院校科研活动开展策略

根据前文高职院校科研活动的现状分析,提出改进高职院校学生科研活动质量的几点建议。

一、加强科研活动系统设计,进一步提高学生科研参与度

科研意识、科研知识以及科研能力是高职院校学生培养的三大核心要素,将科研与教学紧密结合,形成师生学术共同体,在"科研—教学—学习"关系中进行知识传授、传播、传承与创新,进行互动式学术探究和科研素养训练,是高职院校学生培养的基本路径。针对高职生的培养周期特点,需要从强化学生整体科研训练规划、提高活动类型多样性等方面提高活动质量。

第一,要抓住高职院校学生不同学习阶段特点,系统做好整体科研训练规划。加强对一年级学生科研积极性的引导、保护和支持,重在强化其科研兴趣、科研意识的培育以及专业知识的训练;完善对二年级学生的科研指导、政策激励制度,有组织地开展更高质量的科研活动;做好对三年级学生毕业论文、毕业设计的指导以及职业生涯教育,重在提高学生毕业成果的水平并保障就业质量。

第二,要积极拓展实践类科研活动形式。高职院校学生科研活动不同于一般的课程学习或社会实践,它是在学生具备一定专业知识基础上开展的有目的的系统性训练。高职院校学生在读期间参与科研活动的类型越多,越有利于其掌握新的研究方法,扩大研究视野,接触知识前沿,越有利于培养其创造性思维、研究能力和品质。高职院校需要重点破解高职生科研活动类型相对单一的问题,立足于应用创新型高层次人才的目标定位,在采取较为普遍的课题研究、学术会议和论文写作等传统学术训练基础上,面向社会、产业需求,进一步拓展社会实践类、科研推广和应用类的活动类型,用更加丰富多样的活动形式,提高学生的参与度,并进一步提升科研活动与社会需求的紧密度,在实践中着重培养

学生创新创造能力。

二、统筹主客观影响因素，着力激活学生参与科研活动的内在动力

科研活动是一种社会化了的主观能动性活动。根据波特劳勒综合模型原理，高职院校学生参与科研活动的积极性、主动性，受到其内在动力和外在动力的双重维度多种因素的影响。只有通过一定的激励手段，从满足人的需求出发，同时激发人的内在动力和外在动力，才能从根本上强化学生的科研活动行为。

第一，注重培养学生科研兴趣。科研活动是一种复杂的社会劳动形式，其复杂性主要体现在科研活动产出需要极大依赖科研主体的动机、态度、思维特征等内在因素上。学校管理部门和导师对学生的专业理想教育不能松懈，要通过言传身教等方法激发学生的科研兴趣，并为高职院校学生提供更多的科研机会，让学生通过自己的努力尽可能多地获得成功的科研体验，使其切身体会参与科研的成就感和满足感。

第二，强化学生内在科研动机。科研动机是高职院校学生开展科研活动的直接驱动力，科研动机越强烈，高职院校学生的科研态度、科研行为就会越积极，就越有利于高职院校学生的科研创新能力培养[1]。

虽然内部动机、外部动机都会正向强化科研行为，但是内部动机的科研驱动力更大、维持力更强，过强的外部动机更容易导致高职院校学生盲目追求科研数量，而忽略对科学本身的探究与创新。在"破五唯"评价导向背景下，高职院校应在采用一定外在激励机制的基础上，更加重视鼓励学生开展积极自由的自主探索，将开展各类科研活动的目的真正导向培养学生的科研兴趣、科研意识和科研能力方面，进而促进高职院校学生的科研动机由外在向内在转化。

第三，从提高科研能力入手增强学生科研信心。科研能力是高职院校学生参与科研活动所要达到的主要目的，同时也是高职院校学生能否顺利开展科研活动的基础条件。刚刚步入科研门槛的高职院校学生，还

---

①张献民.高职院校教师科研激励问题研究——以M职业学院为例[D].蚌埠:安徽财经大学,2015:21-26.

未掌握系统的学科专业知识,缺乏对整个科研过程中科研步骤、科研技能的了解和训练,科研能力不足是导致其对科研活动的信心不足、成效不大的主要原因。为此,高职院校在引导学生参与科研活动的过程中,需要高度重视将理论知识与实际操作相结合,在强化学生专业基础知识科研方法学习的同时,推动学生"在战争中学会战争",通过科研实践活动不断提高学生的问题定位能力、资料收集与处理能力、研究方案设计能力以及科研组织实施能力等科研基本能力的训练。当然,除科研能力因素外,也要重视学生参与科研活动的态度因素,需要通过专业理想教育、科研兴趣培养、建立试错包容机制、强化意志品质等多种手段,整体激发学生参与科研活动的自发性和自觉性。

三、强化导师支持和科研条件保障,不断提升学生高阶科研能力

科研活动需要一定的科研支持,广泛意义上的科研支持是指"对科研活动中某些科研要素,如科研队伍建设,科研经费、研究装备等物质条件,科研场所以及科研管理等提供的一系列支持"[1]。高职院校学生虽然处于科研能力培养和训练阶段,不是严格意义上的独立研究者,但其参与科研活动具有必要性和广泛性。因此,高职院校学生同样需要得到足够的科研支持,以不断提升高阶科研能力。

第一,进一步完善导师支持。导师支持是影响学生培养质量的关键性因素。高水平的导师不仅能够在学术上为学生提供更多的指导,还能够带来更多的学术资源和心理资源。只有身处学术发展前沿的导师,才能引导学生走上学术发展前沿。提高高职院校学生培养质量,关键要发挥好导师的核心作用。一方面,需要高校进一步严格导师遴选标准,完善导师考核监督及激励机制,细化导师在培养过程中的指导要求;另一方面,还需要根据高职院校人才培养特点,综合推进单一导师负责制、双导师制和导师指导组制等培养模式改革,真正发挥校外导师、副导师以及导师组成员的指导作用,以弥补单个导师在思维方式、专业知识、指导方式上的局限,整体提高高职院校学生对导师支持的主观满意度。

---

①程志煜. 高校科技管理研究与实践[M]. 武汉:武汉工业大学出版社,1995.

第二,进一步强化科研条件保障。由于高职院校受地方财政支持能力的影响较大,大多数高职院校的科研条件不及普通高校已经是不争的事实。

第三,加强学生的高阶科研训练。由于高职院校生尚处于科研问题意识培养、科研方法训练和基本研究范式的学习阶段,在独立科研能力不强的情况下,通过参与导师科研课题进行学术训练是非常必要的。但也不能忽视,高职院校生培养的关键是其发现问题、提炼问题、提出思路和独立开展研究的能力,在导师或者他人设计好的研究框架内去做一些辅助性基础工作,显然不能完全达到这一培养目的。因而,一方面,要强化导师的指导力度,让高职院校生尽可能参与课题的全过程研究,或以子课题负责人身份承担更多的诸如框架设计、研究实施和最终研究成果产出等核心环节工作,接受完整系统的科研项目训练;另一方面,高职院校学生教育管理部门和高职院校也要提供更多的条件,为在读高职院校生独立申请科研课题提供平台与机会,使高职院校生不仅成为导师的科研助手,也要成为独立开展科研活动的研究者。此外,学术论文是科研成果输出的基本形式之一,虽然不能以学术论文作为评价高职院校生科研能力的唯一标准,但是可以将学术论文作为考查高职院校生科研能力的重要指标。因而,高职院校要在破除"唯论文"理念的前提下,积极探索建立集科研精神、科研参与、科研努力与科研输出为一体的综合考查评价体系,真正建立起高职院校生学术质量评价的合理标准,并通过合理的奖励政策与激励机制,在根本上激发高职院校生的科学探索精神、科研兴趣以及科研创新活力。

四、关注学生科研活动差异,探索特色化的科研活动模式

高职院校坚持科教融合、寓教于研,紧密结合高职院校生科研活动特点,可以探索出更加多样、有特色的高职生科研活动模式。

第一,提高培养过程管理的针对性。高职院校生科研活动的部分指标呈现出性别、年级、学位类型和学科类别差异,为进一步细化高职院校生培养的过程管理、提高管理政策精准度和有效性提供了切入点。针对高职院校生在参与科研活动中表现出的性别差异,学校应更加关注对女

学生的导师支持,加强对其科研投入时间的督导。针对学术学位和专业学位培养的类型差异,即"学术学位是培养研究型人才的过渡阶段,而专业学位则主要培养能够解决实际问题的应用型和综合型人才,前者偏重学术性,后者偏重职业性[①]",学校应进一步明确两者培养目标、培养模式的差异,探索具有一定差别的科研活动方式和科研活动内容。此外,不同学科专业、不同导师的团队都有其独有特征。针对不同学生规模和特性,导师需要不断总结经验教训,积累管理经验,逐步实现科学化、人性化管理,学校也要根据不同学科特点、人才培养目标定位,调整考核考查重点,积极探索对学科支撑作用明显的科研活动方式。

第二,探索特色化的科研活动模式。高职院校多数与本地区行业企业合作密切,有充足的校地合作资源;在科研培育过程中,持续积聚了丰富的师资和学术资源,多数导师具备与高层次院校导师相同的教学态度、科研能力和学术指导能力。因而,高职院校要发挥独特优势,着力破解平台、资源等短板,统筹课程教学培养计划与科研实践活动安排,推动学生完整参与科研过程,以特色化、系统性的科研实践活动促进学生培养质量的提升。

五、选择可行的科研项目进行实践练习

例如,以学生参与"退税率变化对出口商品价格影响"科研课题为例,具体做法是:一是进行基础辅导,讲授开展科研活动的基本知识,如国内期刊特点及中外文期刊文献检索等。二是,查询相关期刊中相关学者或业内人士针对出口商品价格的相关阐述,归纳总结前人的研究结果,并进行文献综述。同时,收集我国各个时期的出口退税率变化情况,利用课堂内容中的出口退税基本知识和计算公式,寻找到出口商品不亏不赢的"平衡点"。通过这种有形的定量计算和分析,得出"出口退税率变化与出口商品价格"相关关系,并绘制出口退税率与出口商品价格的变化曲线图,从而得出"出口商品价格的快速计算法"。三是,形成文字性材料。对参与的科研活动进行总结,形成学习经验。

[①]罗泽意,宁芳艳,刘晓光. 专业学位与学术学位研究生培养模式异同研究——创新能力开发的视角[J]. 研究生教育研究,2016,(2):43-46.

六、毕业实习是参与科研活动的好时机

学制为三年的高职学生,经过"岗位认知""第二课堂"和专业理论学习后,便进入第六学期的毕业实习(实践)环节,该环节具有时间充裕、具备专业理论知识和专业技能等特点,是参与科研活动、完成科研任务的好时机。具体做法是:一是利用事先申请到的科研课题,分割不同的任务,落实至不同组别的同学中,使每个参与科研活动的同学都有明确的任务和目标要求;二是,教师引导得当,围绕调研内容、时间合理分配、质量要求和最终结果等内容分派,使学生进入实习企业后充分挖掘与本科研活动相关的案例和数据;三是每一位学生围绕实习企业与案例和数据进行相关整理与分析,撰写"毕业实习报告"。

这种将调研、实证分析与毕业实习(实践)有机结合的科研过程,具有原创性和创新性,不仅提升了与人沟通的能力,还提升运用专业知识进行实证分析并解决问题的能力,使得写毕业论文成为一项有意义的活动,还树立了良好的典范。

第五章　高职院校科研育人的路径
——科研平台

第一节　科研平台概述

一、高职院校科研平台的内涵

科研平台是相对独立的组织机构或实体,更多的是指本科院校的重点实验室、研究(工程)中心、研究基地等公共研究技术平台。一般分为四个层次,即国家级、省部级、校级和院系级。

高职院校引入科研平台这个概念,指包括科学研究基地建设在内的人才资源、信息、制度、环境等有形和无形资源,可划分为软平台和硬平台。高职院校科研平台是组织高职院校教师及相关人员进行科学研究、聚集和培育科学技术人才、开展学术交流的重要基地。其主要任务是提高人才培养质量、获取关键技术和自主知识产权、增强社会服务能力,以基础理论研究和应用基础研究为主,为经济和社会发展提供智力支撑。

二、高职院校科研平台的性质

一是公共性。公共性要求平台建设以服务发展为宗旨,以促进就业为导向,建立科学研究资源共享机制,高效利用科研机构和高职院校的科研资源,提供公共创新服务,组织共性科研攻关。

二是方向性。方向性要求平台建设有明确的建设规划、发展目标和重点内容,要有明确的服务对象和科研攻关任务,要有明确的规章制度和机制保障,做到有的放矢,有所为有所不为。

三是创新性。创新性要求平台建设把提高自主创新能力摆在平台建设的突出位置,提高原创能力,充分发挥平台集聚创新要素的优势,带动本领域、本区域科学研究进步。

四是服务性。服务性要求平台建设向社会提供人文和自然科学研究创新服务,推进职业院校教育教学改革,帮助广大中小企业解决技术难题,为各级政府提供决策咨询。

三、高职科研平台的内容

(一)沟通平台

高职院校搭建科研平台,就需要建立一个科研网站,在网站上开辟专栏及时发布科研信息;另外还要建立微信群、QQ 群等,及时传递信息,让教师及时了解科研动态,增强科研意识。

(二)人才平台

从事科学研究必须建设一定规模的科研团队,团队中要有带头人和梯队式的成员,人员组成可以兼容相同领域和交叉领域的科研力量。带头人需要是领军型人物,要有学术影响力和号召力,并经常参加学术交流,掌握科研动态。

(三)管理平台

成立科研管理机构,要有专人及时搜集各种渠道的科研信息,并进行筛选。熟悉各种课题申报的条件和要求,指导相关人员填写申报书,提高申报质量,掌握各类课题结题的要求、标准和期限。制定和出台系列管理制度,调动教师科研的积极性和创造性。

(四)设备平台

高职院校在满足教学实习实训的任务的基础上还可以添置一些可以兼顾教学和科研的共享性仪器设备,这些仪器设备可以通过项目建设争取到资金,同时也为教师科研提供便利条件。

(五)服务平台

服务平台是高职院校科研平台的重要组成部分。一是要建立服务网站,将高职院校具有一技之长的教师进行分类,按技术专题分别进行介绍。这样既可以宣传学院优势特色,还可以为企业服务需求提供咨询。二是将教师已经成型的技术进行扼要介绍,及时进行科技成果转化,为企业增效提供智力支撑。三是高职院校通过企业行等活动,专题调研企业需求,将需求进行筛选,然后组织相关人员进行专项研究,或可以通过选派"科技特派员"的方式,向需求部门输送人员,主动上门服务。

四、高职院校人才平台搭建的模式

(一)中高职院校纵向合作研究模式

打通职业教育人才成长通道,加强中高职院校衔接,引导部分本科院校向应用型高职本科转型是加快现代职业教育体系建设的具体内容。在科学研究领域内,加强中高职院校合作,对于引导中职学校共同发展,促进"十个衔接"有效推进,将会起到很好的理论指导作用。目前中职学校科学研究的基础比较薄弱,渠道较为狭窄,教师科研的能力较低,高职院校可以根据研究项目的需要,吸纳中职学校的科研力量,共同成立课题组,在专业口径对接、人才培养目标制定、培养规格细化课程体系构建、教师队伍培养、教学模式和方法创新、评价体系改革、就业质量提升、职教集团组建等方面开展合作研究。当然高职与专本科院校之间也应该在人才纵向成长过程中展开密切合作研究[1]。

(二)高职院校间横向合作研究模式

高职院校间横向合作研究一般基于有共同的利益诉求或者结对子友好扶持,大致会有这样几种情况:一是大家都是职教联盟的成员单位,有很多合作的共同课题;二是基于相同专业或领域的建设,大家需要一起合作探讨;三是处于友好扶持,以强带弱,引导式合作研究;四是优势互补式合作,相互借鉴,共同提高。

(三)高职院校独立研究模式

高职院校独立开展研究是目前高职院校最为常见的形式,由学院负责科研工作的科研处或职业教育研究所等科研机构搜集课题信息,掌握

---

① 马莉. 高职院校执行力研究[M]. 成都:西南交通大学出版社,2017:51-54.

课题申报要点,然后将课题信息在网站或QQ群进行发布,组织相关人员针对每类课题要求进行申报立项,开展相关研究。学院研究人员的组织大致有两种情形:一是单打独斗临时拼凑型,成员组成完全是临时决议,没有明确研究方向;二是成立了有明确研究方向的科研团队,科研团队有长远规划和研究领域,可以批量型和系列化催生研究成果,做大做强,在不断累积过程中争取重大项目。第二种是目前高职院校普遍推行的做法。

(四)与行业企业联合研究模式

高职院校和行业企业是相互依存的关系,各省教育厅建设有行业教学指导委员会,各市建有各种行业协会,高职院校各专业设有专业建设(指导)委员会。与行业企业联合研究主要是指技术攻关,结合高职院校的科研实力,帮助解决企业一线的技术难题,同时可以申报省科技厅和省教育厅科技处的科研项目。高职院校要利用自身优势,引导教师深入企业,在生产实践中发掘项目,在新产品开发、新工艺改进、新材料选用等方面深层次开展合作研究,把项目或课题设在车间、医院、矿区、产业园第一线。在技术研发中赢得支持,争取更多的校企合作,为地方经济建设服务。同时也可以鼓励学生在顶岗实习中发明创造、申请专利,拥有知识自主权。有的高职院校把为企业服务作为考核教师业务水平的重要手段,建立了完备的激励机制,从而推动校企合作研究更加深入持久。

(五)与科研院所联合研究模式

科研院所是科研人员更加集中的研究阵地,高职院校与科研院所联合研究,更多的是学习和借鉴。一是高职院校可以选派一些出类拔萃的教师到科研院所挂职锻炼,在学习中谋求合作,在申报项目中共同参与。二是有意识地遴选一些大家共同关心和感兴趣的课题,譬如人文社科类的课题,双方分别抽调人员共同完成。

(六)与政府相关部门联合研究模式

为区域经济建设和发展服务是高职院校义不容辞的职责,高职院校要办出特色和品牌,也需要紧密结合区域经济的发展,这样高职院校就与区域政府相关部门有了很多共同关注的课题,高职院校可以与当地的教育部门、经济和信息化委员会、发展和改革委员会、科技局、科学技术协会等联合开展研究。每年定期商讨一些课题,然后进行申报立项,共同完成研究。同时高职院校也可以结合区域经济的发展,有选择地做些专题调研,为地方政府提供咨询和决策服务。在促进地方发展中实现有为有位,把高职院校拥有的人才优势、创新优势和智力优势不断转化为地方发展优势。

第二节　高职院校科研服务平台建设

高职院校科研平台是组织高职院校教师及相关人员开展学术交流、进行科学研究、孵化科研成果、聚集和培育科学技术人才的重要基地,下面将结合高职院校科研服务的需要,对科研服务平台系统进行设计和建设。

一、科研服务平台系统设计目标

系统服务功能涉及管理工作的多个环节,主要有:科研项目管理、科研经费管理、科研成果管理、知识产权管理、成果获奖管理、成果网推管理、科研统计管理、科研经费财务对接。设计更具有科学性的管理信息系统,有利于高职院校快速推动相应的科研管理改革进程,使数据库系统处理的数据能力得到强化,明显增强科研工作效果,为科研工作提供先进、实用的信息化管理手段。除此以外,也为科研人员、科研秘书及管理人员提供简便、快捷的网络化信息服务,让科研项目更加高效地实现信息化管理,提高科研成果转化的效率,并对科研项目进行风险管理,使得风险管理智能化、实时化。

(一)科研项目管理

项目管理模块分为首页、纵向项目、横向项目、校级项目,主要有以下功能。首页:由管理部门发布各类通知及主管部门下达的文件以及学院和老师的待办业务。纵向项目:同类别大批量来款项目做到立项数据一次导入功能:免登记、免审核,来款一次导入。横向项目:针对草拟合同文本内容进行多级审核,审核通过后,合同进入盖章备案流程。合同文本审核全程在网上进行,提供合同模板下载,草拟合同提交、网上查阅审核、定稿后增加水印及二维码防伪。同时还具有审核流程规范可控,审核进度对合同相关人员实时公开,审核意见、审核过程文件自动留存的功能。

在平台中可以由老师申请项目立项、提出项目变更,实施中期检查以及项目结项。项目结项根据计划,将时间和项目状态完成,当项目即将完成时,系统会自动预警信息,并将通知发送出去。科研人员能够通过多种形式对到期的项目进行提醒,比如公文、邮件、短信等,对项目的进程实时了解,保证项目能够按时完成,并规范最终的鉴定成果。

(二)论文管理

在传统的情况下,操作上是个人登记、院系审核、学校核准,最后形成论文库。这个过程中的工作是非常烦琐的,管理人员需要花大量时间核实信息是否真实可信。基于这一点,在目前这个大数据的环境下,提出了论文网推这样一个模式,希望把中间环节都去掉,实现隐性管理、弱化管理,直接从个人到论文库通过对 Web of Science、EI、中国知网、万方数据库等的数据抓取,实现科研人员论文免录入、科研院免审核。因此在确保科研成果数据准确性的情况下,解决70%~80%的科研成果数据采集,抓取之后通过推送功能,提醒用户定时完成剩余科研成果数据采集工作。

(三)科研统计管理

统计报表可以根据业务需求灵活配置,自主设置统计项目、统计内容和统计数据范围,并生成应用的统计图表。支持范围段设置(如金额范围、时间范围、数值范围);统计表支持行列拆分合并功能,可对已统计内容进行多次多级钻取分析;统计图表信息支持导出及打印功能;直接统计数据的对应信息查询;支持跨多数据表范围的数据统计,统计结果可保存导出,需要时直接调出。实现项目、经费、成果、知识产权等模块的数据统计分析。

(四)科研数据的共享

根据教育部对科研工作的要求,各高职院校要将每年的科研工作进行统计并上报。每年的年度统计上报任务分为两大类型,分别是科技和社科。要根据教育部的要求,将统计上报到最新的系统中。在设计该系统的时候,统计功能就直接被纳入系统之中,统计者只要进入系统就能方便地进行统计工作。在教育部统计系统做出相应的派发升级过程中,其相应的系统平台能够及时更新,避免因为信息更新不及时而产生不良的信息孤岛现象,从而得以信息共享。

(五)知识产权管理

传统的专利管理存在着专利申请过程无法管理,年费缴纳情况难以掌控,专利有效性难以把握等问题。随着网络化进程加速,管理人员针对各类问题提出在科研管理系统可以实现专利网络融合,通过与国家知识产权局专利数据的对接,通过数据抓取技术,直接把专利的年费信息和状态信息读到平台里面,平台会根据这些信息自动生成年费预警,滞纳金及时提醒,专利失效状态自动维护。这样就有效地管理了专利。在这个当中一部分我们把数据拿过来,另外一部分管理人员可以从这里得到核准。

(六)科研奖励管理

实现管理系统到教育部年报系统的数据转换,实现智能统计功能,实现科研成果计分机制,为科研奖励提供基础。

(七)科研财务一体化管理

相较于传统管理减少业务环节,通过系统数据认证替代人工单据提交,以前财务来款是通过纸质到款单的形式反馈到科研管理部门,现在直接通过系统每天定时线上推送来款数据给科研部门。科研部门项目到账以后,传统模式是通过纸质形式将到账信息和立项信息反馈给财务部门,现在直接通过系统每天定时线上推送给财务部门。科研财务对接优化了办理流程,线上办理替代现场办理。将科研项目立项、预算、开支等信息进行共享,增加信息公开透明度,为实现科研精细化管理提供支撑。

(八)系统辅助功能分析

系统能够对高职院校科研信息进行统一管理,对于建立科学研究工作的标准具有重要的意义。该系统还可以导出、转化、统计以及分析相应的科研数据,科研工作者能够在系统中实时、快速、便捷地将工作上报,进行申请、查询项目等,从而使得资源实现共享,构建无纸化办公网络,提升科研管理效率,促进高职院校科研管理的发展,有利于更加有效地适应现代社会快速的信息发展形势[①]。

二、科研服务平台系统架构

(一)系统技术架构

系统结构主要由系统门户、核心业务、基础数据和系统服务等部分组成,此外系统与财务系统具有数据接口并保留录入功能,系统可将查询结果以报表的形式导出,支持多种风险报告模板。

(二)网络环境

本项目系统实际上就是服务并管理计算机网络活动的系统。通过目前的计算机联网技术,进行网络化管理之后,无纸化办公的理想就能实现。想要通过 Internet 完成操控远程用户的目的,就要保证局域网内的配置数据可以与 WEB 服务器具有一定的相似性,基于上述条件的才会使得数据库实现储存的功能,有利于远程客户获得更好的服务。

(三)开发平台

目前的社会环境正在向多样化发展,客户的差异决定了其对计算机网络的要求也具有差异性,特别是对于不同的业务,相关的技术部门必

---

①覃曼丽,余金凤,陆尚平. 高职院校科研创新服务平台建设研究[J]. 广西教育(高等教育),2019(11):53-55.

须以客户不同的要求对Internet服务进行设计。因此,完全可以运用B/S模式进行结构的组成,从而能够将客户的各种要求轻松实现。相关运行环境设计要求:Windows系统是国内目前应用最广泛的客户端,所以,一定要充分地考虑这方面之后,再进行改革创新。服务器平台要求:操作系统,Windows Server 2012 R2;中间件,Tomcat 7;数据库,oracle11g R2;开发环境,提供eclipse的环境下编程;语言环境,中文编程状态。

(四)界面设计原则

采用的是原质化的理念设计的。主要用一些大的色块代替原有的一些图片和动画的效果,采用大字体或者大按钮的操作,使操作界面清爽简约,条理清晰,把不需要的元素都给它排除在外,使操作更加流畅,提升操作者的易用性与人机交互,同时能够兼容其他的移动端,如Pad、手机等。具体的表现如下:内容精简、交互优雅、配合识别度高;配色融洽的UI设计,简约、条理更加清晰;展示简单、高端、大气的界面效果。通过大量色块的使用,减少图片数量,大大加快页面加载速度。采用响应式布局,自动适应多设备分辨率的展示。适应兼容触摸操作。

(五)系统功能结构设计

为了将校园网资源优势充分地发挥出来,有利于全校科研信息相应的存储以及共享功能更加高效地实现,设计建立该平台有利于管理人员以及科研工作者更便捷地进行交流。同时,通过Internet随时都能访问系统。创新服务平台面向全校人员公开,所有的科研人员都有访问权限,并且能够对用户进行多级识别。该平台能够实现的主要功能有以下几种:纵、横向相对应的高职院校项目管理或者成果以及专利管理等。

1.登录管理模块

为了方便管理科研信息,一定要有一套完善的系统管理用户的信息。该模块的主要功能就是用户登录的完成以及区分用户权限。所有信息的存取形式全部都是数据库表,DBMS负责权限的赋予以及回收。

2.科研管理模块

科研管理模块有两部分需要重点解决的问题,分别是上传文件管理与选题决策模糊综合评估。用户可以使用数据操作功能,上传自己获得的科研资料。

选题决策模糊综合评估可以综合评价项目申报人以及相对应的申报题目,系统最终将会自动给出相对应的申报量化评价结果。针对模糊的安全信息可以有效地利用模糊数学这一方法来对其做出量化,从而可以实现定量的评价以及做出科学合理的决策,即完成了模糊决策。模糊决策依据一定的标准可以划分为两个步骤,其一是单独对所有因子做出评价,其二是综合评价所有的因素。在相对应的项目需求分析这一特定阶段中,我们发现不完全的信息能够对数据判断造成极大的不良影响,对数据分析来说是一大问题,基于这一现状,在相应的系统计划中应当重视不断地完善其相应的数据采集机制。此外,有一个办法能够有效地解决这一问题,就是引入"科研项目选题决策综合模糊评估模块"。与其他判断方式的差异性体现在,该模块可以提供一个具有客观公正特点的度量依据。通过有效使用该模块,项目申报人可以及时查看自己所申报项目获得的评估等级。

因为,科研项目相对应的申报以及决策评判最明显的特点体现为复杂性,与此同时还会涉及一系列超出智能算法阈值相对应的一些因素,所以评估的分数,只能用来参考。

3.查询管理模块

这一模块的功能主要能够查询和统计科研信息、人员及其研究数据和成果。同时,还可以将获得的查询信息进一步打印成报表。除此之外,因为查询大数据非常的复杂,并发查询结果的服务器也会承担巨大的负担,所以,在后期大量地优化数据库,通过关系数据库的应用有利于降低优化难度。

4.信息管理模块

信息管理模块通常情况下是通过管理员来完成相应的管理操作。然后进一步分类用户实际的身份,后台的管理员可以对科研项目信息、其他用户进行信息编辑修改、增加、删除等权限操作。

5.风险管控模块

收集、归纳和整理风险源;风险等级、参数的设置;创建风险管理方案,风险管理方案可以根据不同的项目类型、领域进行动态设定;进行数据采集,通过逻辑运算进行风险预警。

6.系统管理模块

这一模块的内容有相应的用户密码管理以及具有重要作用的数据库管理,主要作用是备份数据以及修改用户密码。同时,管理模块还需要进一步做好系统中相关的冗余工作,从而有利于在遇到出错情况下及时地回到正常状态。

三、科研服务平台数据库设计

数据库是一个数据的集合。主要特点有能够实现共享、控制集中、机械化以及形式化等。数据库主要包含五个组成部分,分别是数据库、应用系统、操作人员、计算机系统以及数据库管理系统。数据库拥有三种模型,分别是网状模型、层次模型以及关系模型。上述三种模型就是在DBMS的基础上构成的,除了能为检索、存储、窗口提供模型,还可以进行报表的生成、数据的创建、数据的修改。所以,数据库的结构合理,就能使数据的储存效率得到优化,可以为数据的一致与完整奠定基础。

(一)数据库设计原则

按照IBM相对应的设计规范要求来看,信息管理系统中相对应的数据库管理具有这五个方面的作用:①DBMS规定了数据格式需要为存储结构化。由于数据是依据特定的结构存储于数据库中,因此所有的记录相互之间都存在联系。而通过数据库管理有利于系统整体数据可以实现结构化,而数据库管理系统在本质上与其他文件系统的最大区别就是这一基本原则。②DBMS对数据独立性提出了非常严格的要求,具有较高的数据和程序独立性,数据库的独立性有物理独立性和逻辑独立性。由于数据库系统的模式结构为三层,三级模式结构则是指数据库系统是由外模式、模式、内模式三级构成。数据的实际组织方式是数据库留给数据库管理系统管理的。③DBMS在处理数据的过程中通常会使用具有通用性的方法。为用户提供了方便的用户接口,数据库管理系统可以科学合理地配置信息资源,与此同时还可以优化性能。④DBMS的数据结构,必然会导致其有很高的存储数据共享,低冗余度,扩充容易。系统中的数据并非向单独的某个特定的程序服务,而是向整个系统服务的。这样就可以有效地避免数据相互之间可能会存在不相容性或者是不一致性,从而显著地提高了系统实际的性能。⑤DBMS可以有效地在数据之间实现共享支持。数据库管理系统恢复了对数据所具有的控制功能,确保数据保护功能的安全,可以控制访问数据库相应的并发特性。因为上述规定,在策划设计数据库时,必须遵循一致性原则、规范化原则、完整性以及安全性原则,这三个重要原则对系统的维护和管理有利,对于可伸缩性也有利。

(二)数据库流程图

本系统的数据流程图有两个方面内容:其一是顶层数据流程图;其二是一层数据流程图。若是用户使用了数据库表中具有的这一部分功能,数据库将会把过程反馈给用户。就高职院校科研管理系统进行分析得到,具有两类主用户,依次为教师以及管理员。

(三)数据库概念结构设计

设计数据库这项工程非常的复杂且庞大,在设计数据库时,特别要注意重视数据的逻辑结构,因为数据的结构会极大地影响系统的整体结构,而且,系统在后期的设计也会受到影响。换个说法,如果某个数据库没有完整的结构,那么系统在后期的设计以及维护中,我们对系统就无法进行针对性的操作。严重时,甚至会导致前期的逻辑结构不合理,对系统后期的总体设计来说,即毁灭性的打击,系统必须重新进行设计。

教师信息实体:教师信息实体涵盖的内容有教师姓名或者是身份证号以及性别与联系电话等。科研信息实体:科研信息实体涵盖的内容有课题项目名称以及科研内容或者是成果类型等。文件信息实体:文件信息实体主要包含文件编号、文件名称、文件类型、上传者、文件文本及上传时间等属性。科研课题信息实体:科研课题信息实体主要包含课题项目名称、课题编号、课题参与者、课题负责人信息、课题类型信息、合同经费、科研课题立项日期、科研课题合同文件等属性。系统总体E-R图又称为实体—联系图,本质就是虚拟表现模型的现实世界模型图,作为一种解决方式,主要就是将一种直观的表示属性、实体类型和联系提供给客户。

(四)数据库逻辑结构设计

数据库设计指的是,以实际工作的需求为依据,再结合用户的需求,建立相对应的数据库。数据库作为信息系统开发中具有重要作用的一项核心技术,只有在OS良好的支持条件下才可以高效地实现设计。由于数据库应用非常复杂,这就导致数据库设计面临着很大的困难。本系统在设计的过程中需要严格根据高职院校科研管理平台的要求进行,主要设计了用户表、教师信息表、文件信息表及科研信息表等。以下就是各表信息数据结构:用户表,主要包含用户名称、用户密码以及用户拥有的权限。教师信息数据表,主要包含教师编号、教师性别、教师姓名、教师职称、身份证号码、联系电话、住址、登记时间和备注等字段。科研信息表,主要包含科研项目编号、课题类型、项目名称、主持人、参与者等内容。文件信息表,主要包含文件编号、文件类型、说明信息、上传时间、上传者以及文件名称。科研项目信息表,主要包含项目编号、项目类型、负责人、项目时间、项目类别等。

四、科研服务平台系统功能的设计与实现

(一)系统登录模块设计与实现

本系统拥有多种类型的用户,分别设置普通用户与专家用户,普通用户分别设置了校级管理员、部门管理员和教师,用户不同,拥有的操作权限也不同,管理员的职责是对教师的信息进行管理与维护,而教师的职责是管理以及更新本人相关的一部分科研信息。然后进一步输入用户名与相对应的密码,就可以实现运行系统的目的。用户在输入账户与密码均没有错误的情况下,就可以快速进入系统界面,否则就无法进入。根据不同的权限,登录后就能进行不同的操作,功能内容也不一样。

(二)系统主功能模块设计与实现

本系统中的所有的功能,都会在系统的主界面中罗列出来,从而使得客户能够方便地通过功能模块解决客户端使用时出现的各种问题。由于在不同的用户界面,会显示不同的用户权限,也会有不同的功能。系统的主要功能模块包括项目管理、经费管理、成果管理、成果网推、考核奖励、基础资源等模块。

(三)项目管理模块设计与实现

该模块有三个功能,分别是:纵向项目、横向项目、校级项目。其中纵向项目子模块主要从项目立项、项目变更、项目中检、项目结项进行项目全过程管理,横向项目子模块主要为进账合同、出账合同、分类管理三项进行管理。

(四)经费管理模块设计与实现

该模块的功能服务于管理员,主要功能是对各类项目的经费信息进行管理,其主要包括经费来款、来款认领、经费到账、经费支出、经费外拨、经费结转、预警信息、预警设置、科研共享数据、财务共享数据等子模块。其中,经费预警功能可以对科研项目进行预警提示,根据项目进展情况设置执行周期、项目已执行月份,并且可以通过短信、邮件、App形式通知课题负责人。

(五)成果管理模块设计与实现

成果管理模块的功能主要有四个,分别是科研成果、知识产权、成果获奖、学术交流。可以对高职院校内的各类科研成果进行录入、查询。

(六)成果网推模块设计与实现

论文网推模块主要分为两大功能:论文来源与系统维护。实现网络论文信息系统自动抓取,对接中科院JCR分区表、校内期刊库信息智能匹配。

(七)考核奖励管理模块设计与实现

考核奖励模块的功能主要分别是考核批次和考核方案两类:通过创建考核批次、导入考核人员启动考核。

（八）财务集成设计与实现

该模块的设计目的是实现科研财务双方数据共享,数据表由科研共享数据表和财务共享数据表组成,所有数据表均在科研数据库内创建,科研为财务创建数据库管理账户,供财务系统维护并读取中间库数据。财务共享数据由财务系统负责推送至科研数据库,供科研系统读取使用。科研共享数据在科研数据库向财务系统共享,供财务系统读取使用。

科研财务对接的每条业务记录对应一个批次号,要求共享的记录按业务类型,每个业务批次号需相同,如项目首次到账时同时生成合同、经费卡、经费入账、到账费用共享信息,一个项目的相关共享记录批次号相同。一批共享对应一个批次号,要求单次生成的共享记录批次号相同,如一次共享了项目立项、经费变动、结项的多条记录,则所有记录的批次号均相同。

（九）科研项目风险管控设计与实现

科研项目的风险管控模块是科研项目管理的重要功能,也是实现科研项目科学管理决策的重要手段。该模块建立了多维度科研项目经费风险模糊评价方法,利用FAHP方法进行风险评价的过程变量计算权重;通过风险识别找出风险维度与事件,在此分析的基础上,建立递阶层次模型,根据模糊算法得出的权重和递阶层次模型使用层次分析法得出总体风险管理方案的整体评价,建立科研项目经费管控的有效措施。

第三节　高职院校科研信息管理平台建设

下面将结合高职院校近年来科研管理工作中遇到的问题,以高职院校科研服务平台系统设计为基础,开发了基于WEB环境下的科研信息管理平台。

一、总体设计分析

第一，分析了科研信息化在高职院校科研管理工作中的重要性，并根据江西科技学院的具体情况，对科研管理信息平台进行了详细的需求分析。第二，在进行了相关技术的对比后，我们根据工作中的具体需求分析，采用了 B/S 结构，并且利用 Struts 技术实现网页之间的相互跳转和链接的稳定性，实现了后台数据库接口，用户登录管理，使整个科研管理系统达到了分层管理的效果。第三，整个系统采用基于 JDBC 的 DAO 模式组织与协调后台数据库，对 Struts MVC 在系统里的运行、后台数据库的设计方面提出完整、全方位的解决方案，使整个系统实现了科研管理人员及科研人员进行分层登录、录入科研项目和成果并对科研项目和成果进行管理，使科研管理人员及科研人员能够快速便捷地查询科研积分以及科研成果。第四，在服务器端，系统采用 J2EE 技术实现用户界面层的设计，系统平台采用 windows2000 Server，数据库平台采用开源的 MySQL，如此一来，使整个科研信息管理系统的功能贯穿了科研管理的全过程，并通过了测试运行，为学校的科研管理工作打造准确、安全、便捷的环境，提升平台的性能与学校科研管理工作的效率。

二、设计原则

高职院校科研信息管理平台的逻辑模型，是在对系统进行深入分析、全方位掌握用户的需求的前提下，通过 UML 建模加以表达的。通过设计与优化系统的整体，设计者掌握软件工程的知识、指导与组织系统的设计模式，针对高职院校科研管理工作的实际情况，对科研管理信息平台的总体功能进行了设计，该系统的各基础模块均实现查询、增删、修改方面的功能，可以使科研人员和科研管理人员提高工作效率。

三、功能模块设计

(一)科研系统设计框架

高职院校科研信息管理平台可以使科研人员、科研管理人员更好地管理，同时也可以使科研、信息的查询、传递、存储和分析处理等工作网络化,系统的构成元素是学术信息、科研、分析统计结构、成果、考评管理。

(二)科研学术信息管理

学术信息管理包含三项内容,分别为以会费管理为基础、以成果的交流沟通管理为核心、以学术活动管理为主体。会费管理模块涵盖会费办理、资助、缴纳子模块,能够帮助会员处理费用方面的相关事宜;会费资助模块主要实现资助贫困人群的功能;会费缴纳模块协助会员缴纳费用。交流成果管理实施对课题、出版、论文、成果方面的管理。学术活动管理实施对进修访学、学术会议等学术活动的管理。

(三)科研办公功能模块

科研办公模块涵盖发布科研信息、收集科研人员通信录、日程管理等内容。科研信息发布模块实现的功能是:发布与申报各层次的项目信息,使全部科研人员能够及时掌握项目的申报信息,规范个体的科研项目;通信录模块功能统筹了全部科研管理人员、科研人员的通信数据,为检索与沟通创造便捷的环境;日程计划功能根据所安排的日程,合理有效地设置科研计划,根据计划实施,可以使整个科研工作有条不紊地进行。

(四)科研统计分析功能模块

科研统计分析模块包含会议统计和科研成果统计模块。会议统计以会费的办理为基础、会费的资助为核心、会费的缴纳为主体。会费办理模块主要是针对学术讲座人员的组织费以及相关费用;会费资助功能主要是资助已经正式立项的科研人员的项目配套经费;会费缴纳功能协助会员实施缴费行为。成果统计模块涵盖对项目、专利、成果的信息化管理。针对上述每个项目,学校都设有不同的科研积分。

(五)科研成果管理功能模块

科研成果管理模块包括论文管理、著作管理、专利管理、获奖成果管理四项。论文管理子模块保存、管理科研人员各年度在相关学术期刊上发表过的各类论文,并根据不同的级别进行分类;著作管理子模块统计科研人员各年度出版的著作;专利管理子模块统计管理科研人员历年来所申报成功的专利;获奖成果管理是协调统筹科研人员历年来所获得的竞赛、评比等成果。

(六)科研考评管理功能模块

科研考评管理功能模块涵盖论文、著作、专利、获奖成果考评管理子模块。论文考评管理功能是对科研人员在相关学术期刊上发表的学术论文加以考评、系统地管理;著作考评管理功能客观、准确地考评科研人员的著作;专利考评管理功能对科研人员专利的申报予以客观的考核与管理;获奖成果考评管理功能考评科研人员的科研成果[①]。

四、数据库设计

本系统是为高职院校科研信息管理工作提供支持的程序软件,因此需要重点考虑到运行成本以及用户需求的问题。Microsoft SQL2008作为当前应用较为普及的数据库,可以结合系统各个功能模块实现关联关系整合。对于使用者而言,数据库集合了数据表、视图等内容;对于机器而言,众多物理文件结合构成的整体就是数据库。建立数据库之后,才能将各种数据库对象建立,数据被保存在相应的文件当中,数据是否完整可通过事务日志文件得到有效的维护。

(一)数据库管理系统的选型

科研信息管理系统的数据库选型至关重要,其能够直接关系到数据存储物理空间与运行流畅性。在本系统当中,后台数据库应用的是微软公司研发的Microsoft SQL 2008,其作为一种关系结构性数据库平台,系统功能全面,集成了BI(商业智能)工具,可为企业提供相应的数据管理,系统存储功能强大、安全和可靠,用户可快速创建和管理应用程序,可使应用程序业务的可靠性和应用性显著提高。Microsoft SQL 2008可支持大规模联机事务处理,同时可实现电子商务应用以及建立数据仓库等高难度工作。并且,加入了分析报表、集成和通知功能。

---

①李娇. 高职院校科研业务管理系统设计与实现[D]. 长沙:湖南大学,2017:16-21.

(二)数据库概念设计

本课题中设计了数据库的概念数据模型,概念数据模型与具体的数据管理系统无关,是根据用户需求建立的实现世界的模型,用来描述世界的概念化结构。这使得设计人员可以摆脱计算机系统、摆脱数据库管理系统的技术问题,而潜心分析数据和数据之间存在的关联。每个概念数据模型都需要被转化为逻辑数据模型,如此才可以完成功能实现。科研信息管理平台实际上是一个基于数据库的应用管理系统,在数据库中存储与管理科研管理人员、科研人员的信息资料、科研项目与成果、科研活动、会议信息,可以方便使用者随时查询。

第六章 高职院校科研育人的路径 ——科研成果转化及管理

第一节 高职院校科研成果转化现状 和影响因素

高职院校作为建设创新型国家的重要组成部分,是科技成果的重要生产地以及企业技术创新的主要合作者,承担着科学发现、知识生产、技术创新和知识传播的任务,对经济发展和社会进步发挥着不可替代的作用。高职院校在科技成果的研究方面有着巨大的优势,占有全国三分之一以上的科技成果份额,但是遗憾的是转化率不高。因此,大力提高我国高职院校科技成果转化的能力,为构建创新型国家、增强综合国力提供强大的科技支撑,已成为时代发展的需要。

一、高职院校科研成果转化概念界定

20世纪80年代后期,高职院校技术转移模式得到了一定关注,美国学者甘地最早采用数理分析的方法,对大学向企业的技术转移模式进行了精致的数理分析。加拿大学者尼斯和美国学者扬斯指出,合作研究特别是委托研究是高职院校向企业转移技术的重要模式。近年来,国内外学术界也广泛关注高职院校技术转移管理的相关研究,20世纪90年代,西方学者的研究触及了高职院校技术转移的宏观制度安排层面,他们剖析了不同制度条件下的高职院校技术转移特征,在这一领域以托宾和盖洛特等人的研究最有代表性。爱尔兰当代著名作家托宾等人认为,不同的制度环境孕育了不同的知识生产方式,进而形成了各异的技术转移模式。美国学者吉宾斯则强调在不同的制度下会有不同的现代技术转移

模式。西方学者扬斯·李等人又在新形势下就高职院校向企业的技术转移提出了"新转移主义"。其特征是：高职院校技术转移的密度大大提高，高技术领域的技术转移成为经常，而且技术转移规模不断扩大，出现了多组织、跨学科的技术转移行为，政府凭借其直接或间接的政策手段，广泛介入大学技术转移过程。

因为长期的计划经济体制，我国科学技术的研究与企业、社会生产的需要脱节，人为地分成了研究和产业两个环节，不少科技成果不能转化和实际应用，因此有关科技成果转化的研究比较多。如科技部国家科技基础条件平台中心副主任王瑞丹在《优化科技成果转化的政策性机制研究》中提出了对科技成果转化的若干建议：调整税收政策、转变政府职能、开发人力资源、改善投融资体制等。北京工业大学讲座教授周克刚在《加快高职院校科技成果转化的对策探讨》中提出了在新的形势下如何加快我国高职院校科技成果转化的一些具体措施。复旦大学管理教授张新生在《高职院校产学研与科技成果转化》中分析认为，促进高职院校产学研和科技成果转化的主要对策有：加强宏观指导和政策扶持力度，实施学科性公司制的科技管理模式，鼓励高职院校科技型企业海外融资上市，建立风险投资机制，加强国际合作，加强信息服务网络和组织网络建设等。浙江财经大学教授唐云锋、上海交通大学教授李侠对科技政策的评估体系中的事前、事中、事后评估进行了分析并提出了我国的科技政策的评估体系。南京审计大学经济学院财政系主任欧阳华生对我国科技进步的税收激励政策进行了研究。中国人民大学经济学院教授顾海兵和原海淀老龄大学校长齐心借鉴美国的科技评估制度对我国的科技评估提出了具体的看法。郑州轻工业学院技术物理系副教授吴明阳对我国大学科技园的发展进行了研究，并提出了促进大学科技成果转化的对策。解放军福州医学高等专科学校政治部副教授陈朝宗对我国社会科学技术成果的评定制度的问题进行了分析并提出了解决方案。原上海复旦大学史地系教授刘治平在《发达国家科技成果转化机制初探》一文中提出建立科技成果评估机制和知识产权激励机制，中国作协会员李玉梅的《高职院校科技成果转化激励机制分析》指出建立健全的激励机制是提高高职院校科技成果转化率的重要措施。南京财经大学经济学院统计系教授陶用之和南京财经大学工商管理学院导师袁界平在《提高我国高新技术产业专利产出水平的对策研究》中分析了专利技术产业化存在的问题之后提出了若干对策。土木工程与力学学院陆建飞等的《高等农业院校参与农业科技示范园区建设：意义、模式与建议》中总结了高等院校参与农业科技园建设的经验，这也是高职院校科技成果转化的重要方式。南京农业大学经济管理学院教授钟甫宁和南京农业大学教授刘晓玲在《南京市高职院校利用创业投资转化科技成果问题的实证研究》一文中通过对高职院校科技人员和大学科技园企业等的调查，着重分析了影响高职院校科技成果转化的因素。河南师范大学教授刘新同从《科技成果产业化中的内部化问题研究》中对如何进一步加快科技成果产业化进行了研究。厦门大学教授刘明建的《科技进步法修改建议》中对如何加快科技进步和转化进行了探讨。华中科技大学公共管理学院教授杨兰蓉等人的《国家科技奖励获奖项目成果推广应用的综合激励政策》中，通过对获奖的科技人员的问卷调查，为了更好推广科技而提出了六大对策。第八届全国人大常务委员会于1996年5月制定颁布了《中华人民共和国促进科技成果转化法》，国务院和科技部门及地方也制定了相关的法律法规，以此来推动、加快科技成果的转化。国外多建立在实践基础上的各种科研机构直接和企业结合，各国结合其国情都有各自特色的转化机制和制度及相应的研究。下面从科技成果转化的激励机制方面来对高职院校科技成果转化进行研究。

（一）高职院校科研成果转化的定义

1.高职院校科研成果概念辨析

正确认识和理解科研成果是科研成果转化的首要环节。科研成果，顾名思义，是指人们从事科学研究活动产生的成果。20世纪后期美国著名教育家欧内斯特·博耶依据研究性质和任务的不同，将学术工作划分为四个类型：发现的学术研究、综合的学术研究、应用的学术研究、教学的学术研究圈。

北京师范大学原校长钟秉林指出："大学的科学研究不仅包括普通意

义上的自然科学和人文社会科学研究,还包括教学研究、课程研究、教学方法研究等。"根据学术界对科学研究的界定,结合高等职业教育办学功能与特性,可以将我国高职院校开展的科学研究活动大致分为应用技术研究和教育教学研究两大类。

第一,可以根据研究性质和任务的不同,将高职院校科研成果区分为应用技术研究成果和教学研究成果两大类型。前者是指在技术开发和应用中取得的新技术、新工艺、新产品、新材料、新设备等;后者是指在教育教学研究中取得的思想、理论、方法和观点。第二,按照科研成果的存在形式,可以将其划分为显性科研成果和隐性科研成果两大形式。显性科研成果是指以物化形式存在的科研成果,包括论文、著作、决策咨询报告、研究报告、调研报告、实验报告、专利、产品、设备、图纸、软件等。隐性科研成果则是指蕴含在科学研究活动过程中形成的无法以物化形式体现的科学思想、科学精神、科学态度和科学方法以及学术思想、学术观点等。

2.高职院校科研成果转化内涵分析

当前,学术界对科研成果转化的认识和研究主要聚焦在科技成果的转移转化上。在中国知网上,通过主题词"科研成果转化"进行搜索发现,共有相关学术论文2500余篇,其中,大部分研究文献涉猎的是科技成果向生产力的转化,仅有250余篇文献涉及的是科研成果向教学的转化。梳理分析教育部等政府部门对高职院校科研成果转化的评价指标,也不难发现,现有的科研评价也主要是关注科技成果向生产一线的转化应用及其产生的效益,关注的也是其生产力的转化。例如,教育部发布的中国高等职业教育质量年度报告对高职院校服务贡献评价指标之一是"技术服务产生的经济效益"。教育部科技司的《高等学校科技统计年报》对科研成果转化的统计指标定为"专利销售合同和专利销售获得收入"。因此说,无论是理论界还是实践界,对于科研成果转化的界定和认识都主要聚焦在科技成果的生产力转化上。这种界定和认识对于推进科研成果转化、提高科研成果质量来说较为片面,有必要从可转化的成果范围、转化去向、转化效益等方面对科研成果转化做出较为全面的界定。

第一,高职院校可转化的科研成果是多元的。从科研成果类型来看,科研成果转化包括应用技术研究成果转化和教育教学研究成果转化;从科研成果形式来看,包括显性科研成果转化和隐性科研成果转化。综合来讲,高职院校可转化的科研成果包括:教师开展技术开发和应用研究等形成的专利、图纸、软件、新技术、新产品、新设备等;教师开展教育教学研究形成的论文、著作、决策咨询报告、研究报告、调研报告等;教师开展科学研究中的科学思想、科学精神、科学态度和科学方法以及学术思想、学术观点等。

第二,高职院校科研成果的转化去向是多元的。转化去向不仅包括社会、市场、行业企业、政府等外部场域,也包括学校、专业学生等内部场域。科研成果不仅可以应用服务于社会发展、经济发展、产业发展,还应该应用服务于教育教学、专业建设、课程建设、教学改革、人才培养、学校治理等所有办学活动。

第三,高职院校科研成果转化效益是多元的。高职院校科研成果转化效益不仅包括经济效益和社会效应,还包括在教育教学、专业建设、课程与教学改革、管理工作等学校一切办学活动中的应用情况,即其对人才培养的支撑情况。科研成果向经济领域的转化表现为将成果应用到行业企业的生产中,解决行业企业的技术和工艺难题,为行业企业创造经济价值和收益。科研成果向社会领域的转化表现为,为政府、社会组织等决策提供重要的参考,以促进社会发展为目的。科研成果向教育教学的转化表现为将科研资源和成果转化为教学资源,如课程、教学内容、教学项目、教学方法、教材等教学资源,并用以支撑人才培养。无论是哪种形式的转化,都需要政策、经费等的引导和支持。

(二)高职院校科研成果转化的过程

对技术转移过程进行分解,可以划分为以下三个阶段:实验室阶段、产品化阶段(常被称为"中试"阶段)、产业化阶段。

1.实验室阶段

实验室阶段由技术选择、技术研究、研发成果三个环节组成。科学研究可根据不同标准和需要进行分类,最常用的是按照过程可分为基础研究、应用研究和开发研究,高职院校技术转移的起点,就是各高职院校通过基础研究和应用研究之后形成具有可供转化的开发研究成果。具体来说,研发成果,包括产品技术、生产技术、管理技术三种形式,这三种形式又体现为专利设计、图纸、论证报告、技术专有、试产品、管理方案、营销策划等。研发成果区别于基础研究以及应用研究的一个重要特质,就是它的可转化性。

2.产品化阶段

产品化阶段由技术运用、技术设计、技术试验和产品化四个环节构成。产品化阶段也就是从科研成果转化到商品生产的中间研究阶段,常被称为"中试",它是实验室的开发研究与批量生产之间的重要连接环节,也是整个转化机制的核心环节。在产品化阶段,研发成果的技术条件和商品化条件是检验的重点,这两大条件的检验是同时进行的。在这一过程中,研发成果在技术上的先进程度和可行程度得到衡量,其商业价值的大小得到估量,更重要的是,科技和经济"两张皮"在这一阶段达到整合。从我国目前的情形看,技术转移过程中最薄弱的环节就是"中试"环节的薄弱,这直接导致了技术转移的低效率。

3.商业化、产业化阶段

商业化、产业化阶段由商品化、工厂化、产业化三个环节构成。这个阶段是技术转移过程的终点。所谓"商业化",是指一项科学技术真正地被运用于生产过程或经营管理过程,达到正常生产规模,并真正在市场上进行销售;而产业化,则指的是该产品的生产形成了一个有较大规模的厂商群,甚至形成新兴产业或行业。

实验室、产品化、商业化及产业化三个阶段相互连接、有机统一、缺一不可。首先,实验室阶段,是整个转移过程的基础,它提供可供转化的备选对象;产品化阶段是实验室阶段和商业化、产业化阶段的中介,它衔接了技术与经济;商业化、产业化阶段是整个转移过程的终点,它使科技成果真正转化为现实生产力,从而实现了科研成果转化的目的。其次,在整个高职院校技术转移过程中,实验室阶段和商业化及产业化阶段分居技术转移过程的起点和末点,产品化阶段是这个过程的中间衔接段,可以说,这个环节是整个过程的关键,没有"中试"环节的链接,技术转移不可能得以顺畅地进行[①]。

二、高职院校科研成果转化的现状及影响因素

(一)科研评价指标亟待完善

评价指标是重要的指挥棒。我们梳理当前有关高职院校的评价制度文本,可以发现,涉及科研的评价指标主要是论文数、著作数、课题数、专利数、科研经费到款额等学术性、量化性指标,鲜有涉及对科研成果在人才培养中的应用及其成效评价。大学是一种资源依赖型组织。这种对资源的强依赖使得大学的办学行为很大程度上受到其所依赖的组织的外部控制。现有学术性量化性评价指标,加之科研育人工作难以量化测量,较大程度上导致高职院校忽视科研成果的转化,尤其是向教育教学、人才培养的转化。

第一,从目前发布的国内高职院校排行榜,以及影响较大的民间评价机构的评价指标来看,虽然均设计有科研相关指标,但普遍重视科研成果数量的评价。虽然高职质量年报、中国高职高专院校综合竞争力排行榜设计了与科研成果转化相关的评价指标,但关注的转化领域主要是科技成果,即专利和技术服务产生的经济效益。

第二,从教育部门开展的职业院校评价和科技成果统计来看,对高职院校的科研评价也主要关注科研成果数量及其产生的经济效益,缺乏对成果质量及其对人才培养的支撑情况的评价。例如,教育部教育督导局开展的高职院校适应社会需求能力评估的"技术服务到款额";教育部高等职业院校人才培养数据状态采集与管理平台中的"专任教师获技术专利数占专任教师数的比例""学校为企业技术服务年收入";教育部科技司的《高等学校科技统计年报》中的"专利销售合同和专利销售获得收入"。

此外,从教师评价制度和教师职称评聘制度来看,虽然中共中央、国务院以及教育部、人社部等相关部委相继出台文件,不断强调要完善教

①蒋广庭. 高职院校 定位研究[M]. 长沙:湖南教育出版社,2011:31-35.

149

师评价机制,深化高校教师职称制度改革,不以 SCI、SSCI 等论文相关指标作为前置条件和判断的直接依据,不得简单规定获得科研项目的数量和经费规模等条件,突出评价成果质量、原创价值和对社会发展的实际贡献以及支撑人才培养情况,等等,但相关文件精神在地方政府的落实情况普遍不够理想,地方政府相关文件缺乏具体的可实施可操作的执行方案,较少针对职业教育的类型特征,制定专门的高职教师评价和职称评聘办法,以致职业院校仍然在原有的评价导向下开展科研工作。

(二)科研成果转化意识不高

近年来,在教育部门各类评价的指挥和引导下,高职院校对科研工作愈来愈重视,然而由于高职院校发展起步较晚,以及一些不合理的绩效制度设计,高职院校教师从事科学研究的意识和积极性普遍不高,更难说具有较高的科研成果转化意识。

第一,高职院校教师的科技成果市场推广意识不强。教师做科研、发表论文、申请专利大多只是为了完成科研指标任务或申报职称,很少有将其向市场推广应用的意识和行为。有人通过 incopat 专利数据库系统,选取近 5 年来发明专利申请数量靠前的 88 所高职院校进行统计分析,近5 年来,88 所学校共申请发明专利 29860 项,授权 6121 项,转让 1580 项,授权率和转让率分别仅为 20.50%、25.81%。可见,大多数专利都处于"睡眠"状态。较低的转化率一方面说明了高职院校科研成果的应用性有待加强,另一方面也说明高职院校教师的科研成果转化意识不高。

第二,高职院校教师对科研反哺教学的认知存在偏差。教师普遍认为其本职工作只有教学,科研是"额外工作",并且普遍认为科研和教学互不相容,在本已承担了大量教学工作量的情况下,科研就是一种负担。这种对科研和教学的两面认知以及"为科研而科研"的功利主义思想使得高职院校的科研越来越偏离育人的功能,极大地制约了科研成果向教学的转化。即使从事科研的教师也因科研成果转化到教学需要花费大量时间且工作量难以计算并得到认定,因而也不愿意把科研成果转化为教学资源。

（三）科研成果转化资源不足

第一，科研成果数量不足在很大程度上制约了科研成果的转化。科研成果转化的前提是丰富的科研成果，否则将是无米之炊。由于我国高职院校普遍科研实力偏弱、科研平台不多、科研设备设施不足、真正能够开展科研的教师有限，因此科研成果数量不多。据统计，2016—2020年，全国共有99所高职院校发文数为0，占高职院校总数的近7%；有670所高职院校未申请过发明专利，占高职院校总数的45.64%。另据统计，2020年，全国有217所高职院校科研社会服务经费是0。虽然这些数据并不能代表高职院校开展的所有科研活动和获得的所有科研成果，但管中窥豹，我国高职院校科研整体水平偏低、成果产出不高。

第二，科研成果质量和应用推广值不高也制约了科研成果的转化。由于高职院校教师普遍存在"只是为了做科研而做科研"的思想，并且科研能力较为薄弱，在科研选题上容易出现不切实际、缺乏新意、缺乏市场意识、忽视应用和对策性研究等现象，导致科研成果的应用和推广值不高。据统计，2016—2020年，全国有277所高职院校有专利申请但无授权，其中有的高职院校申请数量超过100项甚至200项，但无一项获得授权，或仅获得1项授权。另据统计，"十三五"期间全国大约仅有290所高职院校具有专利转让的记录，仅占高职院校总数的两成左右。较低的发明专利授权比例和过低的转让率反映出我国高职院校科研成果质量亟待提高。

（四）科研成果转化制度不健全

制度制约科研成果的转化。科研成果转化需要系统的、可操作性的制度和政策来支撑。然而，对于高职院校来说，科研成果转化尚处于起步和摸索阶段，绝大部分高职院校尚未建立相关的规章制度和专门的管理机构。

第一，科技成果的转移转化配套政策不健全。有研究发现，当前我国仅有25%的高职院校建立了专职知识产权管理机构。一方面是相关管理机构的缺乏，另一方面是管理队伍的专业化水平亟待提高。我国高职院校普遍忽视知识产权管理队伍的建设，知识产权管理人员大部分是从其他岗位或者科研管理岗位转岗而来,普遍缺乏知识产权管理理论和经验。

第二,科研成果向教育教学转化的相关制度不健全。绝大多数高职院校仅把科研反哺教学停留在理念层面,缺乏具体的操作指南、评价标准和激励政策等配套制度支撑。转化内容、形式、激励等方面的不确定使得教师不知道如何进行科研成果转化,也无法预期转化后可以获得的收益,最终导致教师对科研成果转化的积极性不高、意识不强。

第三,教师评价制度不健全也制约了科研成果的转化,尤其是向教育教学的转化。众所周知,教师的个人行为通常受制于学校的评价制度。当前,我国高职院校教师评价普遍过于强调论文发表、专利申请、著作出版、项目立项、经费到账等量化指标,且与教师职称晋升、职务升迁和奖金分配等直接利益挂钩。长期以来受到"唯论文""唯数量""唯项目"的评价制度的影响,教师对科研成果的转化意识淡薄,缺乏把自己的科研成果转化为教学资源的动力。

第二节　高职院校科研成果转化及管理的策略

一、国内高职院校科研成果转化模式分析

(一)高职院校科研成果转化的基本模式

根据前面的高职院校技术转移过程的阐述,以此为基础来探讨高职院校技术转移模式,在高职院校的技术转移过程中,按照高职院校与企业在技术转移过程中的参与程度不同,将技术转移模式粗略地分为三种:外向型、内向型、合作型。

1.内向型

在这种技术转移模式下,技术转移的三个阶段均由高职院校完成,表现为高职院校衍生企业应用技术直接创造效益。高职院校衍生企业,按照比较宽泛含义的界定,是指由高职院校投资兴办或持股比例为第一大

股东的企业,包括以高职院校的科技成果投入的生产制造型企业,和以高职院校的智力投入的中介或服务性的企业,高职院校衍生企业的典型代表有依托清华大学的清华紫光集团、清华同方股份有限公司以及依托北京大学的北大方正集团。

2.外向型

在这种技术转移模式下,技术转移的第一个阶段,即实验室阶段由高职院校独立完成,而产品化和商业化及产业化阶段则由企业来实现,具体表现为高职院校将自己的研发成果通过技术市场直接转移给企业,技术的供需方是一种交易关系,就国际上这种形式的技术转移实践来看,多表现为专利转让,从我国目前的情况看,通过这种方式转移和扩散的技术逐年增多,但其转移效果并不是特别显著。

3.合作型

在这种技术转移模式下,技术转移的前两个阶段由高职院校和企业合作完成,最后一个商业化、产业化阶段由企业独立完成。在这种合作模式下,双方从技术开发阶段就交流切磋、合作研究,共同完成技术开发和生产过程,有时双方甚至建立长期合作关系,如建立联合技术开发中心、研究所等,更为直接的方式则是双方共同组建企业,这种合作方式越来越受到企业和高职院校的欢迎。

根据高职院校和企业在技术转移过程中三个阶段的参与程度不同,我们把技术转移模式简要地划分为三类:内向型、外向型和合作型,三种技术转移模式在实践中各有其表现形式。在对三种技术转移基本模式的比较中,合作型更有利于高职院校和企业的信息沟通和交流,它让高职院校更多更准确地了解到市场信息,让企业更好地理解和吸收研发技术成果,使得技术和经济实现了更好地融合,表现出更好的技术转移效果。

(二)高职院校科研成果转化的具体模式

1.专利许可型

这种模式的特征是:高职院校将科研成果采用技术专利许可的形式

转让给企业,企业投入资金、设备、场地等,与高职院校中的科研人员合作,在此科研成果的基础上开发出实用产品,并成为企业的主营业务,实现科研成果的转化。

这种模式建立企业的优点在于,社会上的已有企业通常已经积累了较为丰富的经营管理经验,而高职院校的技术成果又使新的产品有了较高的技术优势,这两者如能很好结合,则新生企业通常能够生存下去并得到较好的成长。这种模式存在的主要问题是:第一,技术专利许可的形式决定了高职院校和企业的合作是短期的合作,研究人员没有进入企业,或只是浅层地介入后续技术开发中,使得企业难以进行产品的进一步创新,从而限制了企业的长期持续发展。第二,技术专利的作价由于没有一定的标准,是校企合作中争议的焦点,通常会造成合作双方的分歧,进而影响到校企合作的进一步深入和持续地发展。

2.知识产权入股型

这种模式的特征是:以高职院校单项科技成果及相关的知识产权为基础,以参与研究开发的关键人员为骨干,与社会上已有的企业合作,组建新的科技型企业,实现成果的转化,高职院校很大一部分企业是以技术入股的形式参与创办起来的。

这种模式存在的主要问题在于:第一,某些新办企业中,技术成果仅仅作为股权作价入股,但相关的技术骨干人员并未进入企业,或没有较深地介入企业的后续技术开发中,新办企业通常在技术和产品的后续运作活动中出现障碍。从我们所了解的情况看,高职院校的技术骨干介入企业的技术开发和经营运作越深,该类问题就越少,因此,创办该类企业,相关的技术骨干应尽可能介入新办企业开发和运作过程中。第二,由于技术成果的垄断性和对未来市场的不同判断,技术股权的作价评估通常成为合作双方发生争议的焦点。

3.“带土移植”型

这种模式的特征是:以高职院校具有实力的主骨干公司作为平台,将学校的专利或专有技术、参与研发的骨干技术人员以及组成的研究开发群体连同相关设备仪器等,整体移植到公司内,与公司分离出的相关资产一起,组建新的经济实体。

"带土移植"模式是一种较好的模式,它既能使原有项目组的技术优势和潜能得以充分发挥,又能充分利用高职院校骨干企业较强的市场和资本运作能力。因此,这样产生出来的新企业一般都能很快解决生存问题,并能较快地成长。这一模式的局限性在于,由于高职院校的研究领域非常广泛,而高职院校的骨干企业只是在某些领域的运作能力较强,并且取得研究成果的教授们和研究开发小组并不都想进入企业之中,因此,该种模式的适用范围相当有限。

4. 改制型

改制型即用股份制改造工程研究中心(ERC),进行企业化运作,进而衍生出新的科技型企业。工程研究中心是一种新型的科技开发实体,其宗旨是将有市场价值的重要应用科技成果进行后续的工程化研究和技术组装,从而开发出有较大经济规模的共性技术和主导产品。从现实情况看,ERC在运行中有以下一些问题:如过分依赖大学、与企业的接触仅仅停留在点接触、资金来源渠道单一、运行机制不健全等。为了解决以上的问题,各所大学先后对校内工程研究中心进行了股份制改造,其目的是建成研究开发、中试生产、人才培养三位一体的新型科技开发和经济运作实体。

此种创建企业的模式可在更大范围内把研究开发、生产经营结合起来,使创新成果和市场紧密结合。组建这类企业,一般可将股份有限责任公司高职院校有形投入和无形资产均化为股份,成果完成人可持有无形资产中的一部分股权,企业内职工也可参股,以保证企业领导和职工拧成一股绳。科研机构不必撤销,继续研究开发,对该企业的后援是它的任务之一,企业对科研机构作适当支持,学校对科研机构也保留一部分事业性支持。这样,把学校利益、企业利益和职工利益捆在一起,课题更接近市场,科技人员的积极性更高,研究、开发、生产的周期更短。

这种有较大生产能力并有科技支撑的企业,容易搞大,其中少数有显著成效的股份合作企业,可争取上市。

5.嫁接型

这种模式的特点是选择合适的国有中小型企业,在进行吸收兼并、资产重组、技术改造的同时,找到技术的切合点,在国有企业的生产管理能力、职工队伍、厂房设备的基础上,注入学校的人才、技术及融资能力,既盘活了国有企业的生产性资源,又形成新的高新技术企业。这是实施科教兴国,为发展国民经济做出更大贡献的有效途径。

对于该种模式,需要注意的一个重要问题是,选取嫁接对象必须慎重,必须弄清楚嫁接对象的优劣势、自身的优势和劣势又在哪里、双方的互补性如何等方面。

6.学生创业型

此种模式的特点是以学生创业大赛为契机,少数创业冲动强烈又具有某种创业特长的学生,采取休学创业等方式组建学生公司,将有良好市场前景的科技成果自行转化,学生公司可以入驻科技企业孵化器进行孵化,孵化器为其提供基本商务服务、中介增值服务和融资咨询服务等。这个类型的科技成果的知识产权大多是归属于学生个人(发明人)。

这种类型是随着近些年的学生创业计划大赛应运而生的,创业大赛在大学校园里引发一股创业的热浪,大学生不再满足于做单纯的技术人员,把自己的科技成果直接转让给企业,而是更渴望自己主宰自己的命运——融资、办公司、自主经营开发。通过创业大赛,一些在校学生通过停学创业或在读兼职,自愿合伙注册高新技术企业,将自己的科研成果转化为实际的生产力。

7.创办企业模式

北大方正是高校自办科技产业的成功典范,也成为高职院校推崇的楷模。北大方正集团依托北京大学计算机研究所雄厚的技术实力,开发、生产、经营方正电子出版系统,引发整个印刷出版行业的革命,其经济效益和社会效益非常显著。

通过创办企业来转化科技成果,这一模式的优点是比较明显的,可以从以下方面得到证明。第一,科技成果转化迅速,所耗时间短。高校本身就是科技成果的创造者,是第一知情人,对科技成果的了解要比企业清楚得多,因此,在科技成果鉴定的转化过程中,行动也会比较快。第二,能为科技成果转化提供足够的技术支持。有些技术含量非常高的科技成果,它和社会、企业现有技术水平之间的落差比较大,社会一时难以承受。相对而言,高职院校拥有尖端的科技设备和雄厚的科研实力,有能力解决生产过程中的技术问题。并且,如果由高职院校转化科技成果,就会有很多参与科技成果创造的人也加入技术转移过程中,因而可以为科技成果的转化提供更多的背景资料和可衔接的知识,加大科技成果转化成功的可能性。第三,有利于科研成果的后续开发。任何一个高科技产品之所以被称为高科技,都具有时间性,都需要再开发。由于高职院校本身的科研力量比较强大,如果科技成果的转化在高职院校人力资源系统内进行,有可能进行再开发,开发成功的可能性也较大。而且,如果科研产品的开发、转化和再开发都在同一组织系统内进行,科研人员和生产人员之间的交流相对密切,利益相互协同,各方面的人员就更有可能相互合作,从而有利于产品的再开发。第四,高职院校自己创办科技产业,拉近了高职院校科研活动与市场的距离,对高职院校的科研活动能起到一定的示范和激励作用①。

二、构建高职院校科研成果转化的激励机制

高职院校无论是在科技人员数量、质量构成、科技基础设施、科技成果产出数量和质量及在整个社会科技体系中的地位和作用都是不可替代的。科技成果转化要做的工作很多,建立健全科学的激励机制,营造激励创新和创业的氛围、创造科技成果转化的宽松环境,是充分调动科研主体的积极性、主动性、创造性之根本所在。高职院校内部激励机制的健全,不仅有利于产生大量的科技成果,而且能够加快这些成果的迅速转化,因此,健全高职院校内部的激励机制尤为重要。结合高职院校的实际情况,应从以下方面来着手完善高职院校内部科技成果转化的激励机制,以增强高职院校科技成果转化的动力。

---

①陈世华.高职院校专利成果转化困境及应对策略研究[J].南通航运职业技术学院学报,2017,16(4):93-95.

(一)明确目标,坚持理论研究和应用研究并重

高职院校科技成果转化过程不仅本身是一种科学—技术—生产的创造性活动,而且是高职院校教学科研和培养人才的重要内容,因而从研究构思开始,高职院校应该培养学生面向市场、服务社会;应该培养创新型人才、服务社会;应该把科技成果转化作为一个重要环节。

第一,目标对高职院校科技研究有着重大的导向作用。因此,应该根据实际发展的要求,改变传统的目标,重新明确目标,把理论研究与应用研究并重、把科技研究与开发转化并重、把横向研究与纵向研究并重,这样才能更加有利于人才的培养和科技成果的转化和推广。

第二,转变"为教育而教育"的封闭式教育观,树立开放式、创新型的教育观念。在综合国力竞争日趋激烈的国际形势下,科技创新能力不足必然会对经济社会发展和国家安全构成威胁。面对国家走创新型道路的战略选择,高职学校义不容辞应该承担起提高我国科技创新能力和培养大批拔尖创新人才的重任。因此,高职院校科研活动既要注重学术价值,又要注重经济效益和社会效益的实用价值,树立培养创新型人才的创新观念。这样高职院校既进行了科学研究,又培养了大量具有创新精神和能力的、各行各业急需的应用型人才和工程型人才,缩短人才培训周期,更好地服务社会。

第三,树立科研市场化的观念。社会需求是科学技术发展的原动力。只有是社会需要的课题,才会得到社会的大力支持,其科研成果才能得到迅速推广和应用。因此,高职院校及其科研人员应改变传统观念,树立科技成果没有转化等于没有研究成果的观念,根据市场需求,摸清市场动向,加强与企业的横向联系,及时捕捉市场需求信息;把捕捉市场信息、根据市场需求确定科研方向作为人才培养的重要环节。

(二)推行新型分配制度,有效激励科研人员

利益分配问题是调动科技人员积极性最敏感、最核心的问题,保障科研人员的合法利益能充分调动其从事研究、开发、应用、转化等工作的积极性。要创新对高职院校科研人员的分配制度,坚持以按劳分配为主体、多种分配方式并存,把按劳分配同按生产要素分配结合起来,加大科

技、信息、管理、科技成果转化等生产要素在分配中的比例,注重创新程度、转化力度、推广深度等方面的评价,以便最大限度地调动高职院校科研人员的积极性。

因此,高职院校可以按照国家和地方政府的政策,结合本校实际情况,制定各种开放、优惠的创新政策,建立知识、劳动、资本、技术等生产要素按贡献参与分配的机制,鼓励高职院校科研人员和师生走出校门,携带成果创办、领办民营科技企业,以加速科技成果的转化。对于以科技成果与技术入股的股份,应制定明确的高职院校与该科技开发研究者、转化者等之间的股权、利益分配政策,并尽量提高科研工作者及科技成果转化参与者的股份比例。拥有科技成果或具有从事科技咨询资格的科研人员和教师可以在三到五年内带薪离岗创办与科技成果转化相关的学科性公司、科技咨询公司、大学科技园等,吸纳相关的硕士生、博士生到公司学习、研究和锻炼;鼓励有能力的科研人员和教师可以在完成本职工作任务的同时去科技成果转化的相关单位兼职;把科技成果的转化效益与科研人员及科技管理人员的工资、奖金、福利等挂钩,推行研究院所法定代表人年薪制、特殊拔尖人才协议工资制,探索建立基础工资、岗位津贴、效益工资的分配制度;科研人员和教师的课题结余经费可以作为他们自己创办科技成果转化公司、企业等的启动资金,或作为投资其他科技成果转化公司的股金等。这样,必然会充分调动科研人员、教师及科技管理人员从事科技成果转化工作的主动性、积极性和创造性,激发他们的创新活力。

(三)改革管理体制,实行科学化管理

为充分调动科研人员从事科学研究和科技成果转化的积极性,高职院校要注重科学化管理,坚持以科研人员、教师和学生为本的管理理念。高职院校领导要注意满足科研人员、教师和学生的各种精神需要,尊重、信任并真诚关心他们,为他们营造一个和谐的科技创新环境。为加快高职院校科技成果转化的速度,需要对高职院校科技管理部门进行改革,以增强管理部门的功能。

第一,高职院校现有的科技管理部门的功能要细分,专门成立科技成果转化办公室,办公室可分成两个管理小组:一个小组负责研究课题的申请、立项、成果申报、专利申请及科技资料档案等行政性工作;一个小组专门从事科技成果转化的工作,主要负责科技成果的评估、潜在市场价值的预测及风险评估、策划成果转化方案及组织实施,负责了解企业技术需求信息、签订技术合作及转让合同,组织技术孵化和筹措部分启动经费。成果转化办的成员必须选拔有开拓创新精神、有驾驭技术市场风险能力和社会活动能力、科技成果转化工作经验丰富、团结协作、敬业务实的人员担任,其工资与科技成果转化的效益相结合。这样能保证科研管理人员与社会、企业广泛联系及从事科技成果转化的时间和精力,充分调动科研管理人员主动性、积极性和创造性,从而加速科技成果的转化。

第二,实行灵活的、弹性的、人性化的管理体制,让科研人员有更充裕的时间进行科技调研、走向社会、从事职务科研和科技成果的转化。科技工作者的特点是具有独立性、自我支配性和刻苦钻研性,他们通常很潜心自己所从事的工作,一旦投入就会埋头钻研,通常将工作和生活融为一体,不顾及休息而忘我地工作。在其从事某个项目研究期间不希望有任何干扰,以保持思维和工作的连续性。若在作息时间和行为空间上对科技人员过于约束,会使科研人员产生厌烦甚至是抵触情绪,而灵活和富于人性化的管理则会受到他们的欢迎。如美国的硅谷,对科技工作者实行的就是非常灵活、人性化、弹性化的管理体制,使科技工作人员能最大限度地发挥自己的热情和力量,使硅谷名扬天下。所以,高职院校应实行弹性的、人性化管理体制,科技工作者有充分的自由空间,以自己喜爱的方式从事工作。

(四)坚持以人为本,形成人才激励新机制

人才是国家和社会经济发展的第一资源,也是高职院校科技成果转化的第一资源。高职院校应当树立科学的人才观,创设公开、公正、竞争、合理的用人环境,形成人员能进能出、职务能上能下、待遇能高能低的用人新机制,推行"按需设岗、按岗聘任、择优上岗、动态更新"的岗位聘任制度,实行人事代理制度,建立人才流动机制,实现人才资源的优化配置,以吸引和引进复合型、推广应用型的创新人才;高职院校要坚持德才兼备的用人原则,把品德、知识、能力和科技成果转化的业绩作为衡量科研人才的主要标准,做到不唯学历、不唯职称、不唯资历,不拘一格选人才,把对高职院校科技成果转化贡献突出的科研人员或横向课题多、与企业紧密联系的教师提拔到重要管理岗位。国家、社会、企业、高职院校和其他单位都要让有突出贡献的科技人员,尤其是科技成果转化的科技人员经济上有实惠、政治上有荣誉、社会上有地位,鼓励人人都为科技成果转化做贡献,人人都成为开拓创新型科技人才。

此外,科研人员的知识和能力是其进行科技研究、创造和转化应用的主观条件。但是客观条件也必不可少。因此,高职院校应为科研工作者提供一切有利于科研活动开展的条件:提供完善的、必要的基础设施和先进工具,如试验基地、办公场地、机器设备、计算机等。提供适合科研人员个性的课题和具有挑战性的工作,因个性化的知识融入了个人的知识、爱好和专长,是科技工作者不懈的追求,挑战性的工作有时比良好的环境更具有吸引力,能开发研究前人从未涉及的领域,从而更激动人心。提供科研所需要的资源条件,这是因为丰富的、完整的、最新的资源,能使任务顺利完成,相反则可能会导致丧失时机、劳而无功或因查找资料而浪费大量的时间等。

(五)建立公正合理的评估机制

评估具有科学判断、市场预测、优化选择和结构导向等功能,科技成果的评估是科技管理和科技研究的重要内容。由于科技活动的复杂性,科技评估对科技研发、科技成果转化与科技管理的影响越来越大,使得科技评估活动也日益复杂。而科技成果评估的结果与利益分配紧密相关,直接影响科技成果转化参与者的积极性,因此必须剔除现有评估体系的弊端,建立公正合理的评估机制。

高职院校应针对基础研究、应用研究、开发研究与纵向课题、横向课题建立不同的评估体系。基础研究成果应以对研究领域的贡献、论文科技含量、社会效益前景及学术界和社会的反响程度等作为主要评价标准;应用研究、开发研究则应以成果与市场的关联指数、成果转化周期、产业化程度和经济效益等作为主要评价依据和衡量标准;纵向课题以同行专家的鉴定为主要评估标准;横向课题以企业的应用程度与效果为主要评估标准。在进行评估时应结合上述评估标准来评价科技成果。同时实行事前、事中、事后评估制度,把科技成果转化应用后所得的经济、社会效益作为一个重要的衡量指标。这样可以加大高职院校应用研究与开发研究的比重,提高科研人员主持或参与横向课题的积极性,加快高职院校科技成果转化。

此外,还要采取有效的措施以解决评估中存在的各种问题,如前文提到的科技评估同行评估中存在的问题,就可以采取五大原则来加以解决:①反对私人利益支配委托利益,也反对委托利益支配私人利益。②不能简单地认定处于利益冲突中的当事人进行的评估都是徇私的、不公正的和不道德的。③对同行评估中存在问题的治理要将重点放在事前防范而不是事后惩治。④实行披露(评估专家或其他任何人都可将评估者与被评估者之间存在的利益关系进行公示)与回避(包括主评者和被评者在存在利益冲突时的回避)制度。⑤加强科技专家思想道德素质建设和国家评估制度建设。制定同行评议的责任追究制度,净化同行评议的不良风气,积极引入外部系统的评价。

三、高职院校科研成果转化管理策略

（一）完善高职院校科研评价指标体系,为高职科研工作指明方向

科学合理的制度体系是保障各项工作有序开展的重要条件。制度设计是一项系统工程。高职院校科研工作的有序开展既有赖于科研评价体系自身,也有赖于教师绩效评价和职称评聘等与教师切身利益相关的制度设计。因此,需要从科研、教师、职称等方面统筹考虑,一体化设计高职院校科研评价指标,为高职院校科研工作指明方向。

第一,健全高职院校科研评价指标。一方面尽快完善教育部门组织开展的各项职业院校评价指标,适度弱化科研成果数量指标及其权重,增加科研成果转化效益指标,尤其是向教育教学转化的相关指标。另一

方面,建立不同类型科研成果转化的评价标准。对于应用技术研究,注重评价其成果产业化应用的实际效果、产生的经济社会效益,以及其对于解决生产实践中关键技术问题的实际贡献和在教育教学及人才培养中的应用;对于教育教学研究,注重评价其对教育教学和人才培养的实际贡献和支撑作用,并将科研成果向教学资源转化的数量及使用率作为评价教师科研成果转化成效的重要指标。

第二,健全高职院校教师评价制度。一方面将教师科研成果向教学转化的行为及其对人才培养支撑成效作为教师评价、绩效考核的重要依据之一。另一方面合理测算并制定科研成果转化工作量折算依据,并与教学工作量进行置换,作为评价教师总体工作业绩的依据。此外,可将教师提供科研知识的课程数量作为其岗位聘用的参考依据。一般来说,提供科研知识的课程越多,说明学校和教师的科研水平越高。通过教师评价制度的改革,引导教师更好地开展真研究,更好地履行教书育人职责。

第三,健全高职院校教师职称评聘制度。加快落实国家政府相关文件精神,完善地方高职院校教师职称评聘办法,一方面,针对职业教育特征,将高职院校教师职称评聘从高校教师专业技术职务评聘中单列出来,根据高职院校教师承担的主要任务,制定专门的职称评聘办法,突出科研成果的应用性、在人才培养中的应用成效。另一方面,出台教学业绩与学术成果、横向技术服务与省部级课题等的等值换算的具体操作方案,对于潜心钻研教育教学,且在学生培养上取得突出成绩的教师,可按一定标准将其教学业绩认定为等值的学术成果。

(二)培育积极的科研成果转化环境,提高教师科研成果转化意识

新制度经济学认为,习惯、传统、道德、价值和意识形态等都属于非正式的制度安排,其在规范和调节人们行为关系中发挥重要作用。帮助教师形成积极的科研成果转化习惯和意识,是提高高职院校科研成果转化效益的首要环节。

第一,积极营造"科教融合"的科研工作理念。所谓"科教融合"(破

五唯具体指:唯论文、唯帽子、唯职称、唯学历、唯奖项。"五唯"之间的关系就是,学位需要论文,帽子需要学位、奖项、论文和职称,奖项需要学位、帽子、论文和职称)是指科学研究与教育教学和人才培养的相互融合。教学是任何一所学校的中心工作,科研工作也必须服务学校的教学工作。当前,我国高职院校科研工作更多的是与教师个体发生关联,较少与教学管理等部门共同合作来开展相关工作。"科教融合"的科研工作理念强调科研与教学的相互融合,通过制度设计,引导教师不断重视科研成果向教学转化。

第二,加大科研成果转化政策与典型案例的宣传力度。自"破五唯"要求提出来以后,教育部、科技部等部门出台了系列有关科技成果转化、教师评价等的制度文件,但这些文件精神尚未深入人心。一方面可以通过培训、讲座、沙龙、微视频等方式,向教师进行广泛的政策解读与宣传,使教师充分认识到科研成果转化对教学工作及其个人成长的意义和必要性。另一方面,通过树立科研成果转化典型与先进,并进行奖励和大力宣传,营造一种良好的科研成果转化环境,引导教师逐步重视科研成果的转化。

第三,建立科学、规范、统一的经验知识分享与积累平台,统一学校各类科研成果或研究性工作成果转化为教学资源的工作要求、体例格式、操作规范等,逐步引导教师形成及时分享科研成果的习惯,形成科研成果转化工作的常态化、有序化、规范化。

(三)提高科研成果数量和质量,为成果转化提供充足资源

数量和质量是对立统一的。没有一定的数量就没有一定的质量,而没有质量,数量也就毫无价值。"破五唯"的本质并非不要论文、不要课题、不要经费、不要数量,而是不能将其作为评价教师、评价学校的唯一指标,要注重成果的质量。科研成果的转化必然要建立在一定的科研成果数量和较高的科研成果质量的基础上,没有足够的数量和较高的质量,科研成果的转化就无从谈起。

第一,鼓励高职院校教师积极参与科研,提高科研成果的产出。与本科院校教师"重科研,轻教学"不同的是,高职院校教师普遍"重教学,轻

科研",认为只有教学是其本职工作,科研是其本职工作之外的"负担",教学和科研是互不相容、难以产生交集的对立物。这种对科研及其与教学关系的片面认识,从根本上制约了教师科研行为的产生。因此,要帮助教师形成对科研的正确认识,帮助其认识到科研与教学相辅相成,科研源于教学实践又反哺于教学实践,从而提高其科研积极性,为科研成果转化奠定基础。要加强高职院校科研管理与指导,提高科研成果的质量。从科研成果转化的效度来看,科研成果质量不高主要体现在科研成果的实用性不强。一是,加强科研课题的立项管理,在课题立项时,组织专家对课题的可行性、实用性和推广应用前景进行严格论证,尽可能选择能够应用于企业产生经济效益的课题或者能促进教学、提高教学质量的课题立项,确保课题的实用性与推广性。二是,加强科研成果转化指导与服务,成立知识产权转移转化专门机构,健全机构职能,根据成果类型和转化方向,分别配置专职人员,有针对性地指导教师面向不同领域进行相应的转化。

(四)系统健全学校相关制度,为成果转化提供政策支撑

要引导教师注重产教融合、科研育人,形成科研成果转化意识和行为习惯,需要学校从教学、科研等多方面来构建系统的制度体系。

第一,健全学校教学管理制度。一是在有关人才培养方案制订、课程标准开发等的规定中,鼓励教师广泛开展体现科研活动、科研思想的教学,广泛开设融入科研成果、科研理念的课程等。二是完善教学成果奖等教学质量工程评选与奖励办法,将具有较好的教学研究基础作为评选条件之一,并加大对在研究基础上形成的教学成果等的设奖比例。通过评选标准来引导教师注重教学研究,注重将教学研究成果、技术开发成果等转化应用到教育教学和人才培养中,并逐步实现教学与科研的合二为一。

第二,健全学校科研绩效评价制度。在评价教师科研业绩、科研项目时,淡化对科研成果数量的评价,明确将研究成果的转化作为科研项目结题评审的必要条件之一,并提高科研成果转化尤其是向教育教学的转化在科研业绩评价中的权重,引导教师更多地围绕教育教学工作开展课

题研究,实现教学与科研的相辅相成。在评价方式上,可成立专门的科研成果转化评价小组,通过结题评审、听课、学生问卷等方式,了解教师将科研成果进行教学转化后产生的教学效果,如学生的创新思维培养、教学内容的更新、教学方法的改革等。

第三,健全学校科研成果转移转化办法。明确科研成果的转化方向、内容、形式和方法。根据高职院校的科研成果类型,将其转化方向大致明确为:面向行业企业的市场推广应用;面向政府的决策咨询建议;面向学校教育教学的应用。明确科研成果向教学转化包括转化为教学资源、教学方法、教学思想等。转化形式包括开设讲座、指导学生开展技术创新、开展"寓教于研"的人才培养模式等。通过开设讲座,介绍各专业基础理论、研究方法、社会热点等,潜移默化培养学生的科研精神、科研素养。

第七章　高职院校科研育人绩效考核

第一节　高职院校科研育人绩效考核的内涵

一、高职院校科研绩效考核的内涵

科研绩效评价是指运用一定的评价方法，对某一科研组织或个人在一定时期内的科研投入、产出及结果做出客观的、综合性的价值判断。对于科研组织来说，这里所指的投入，不仅包括纯粹的、可以准确计量的科研经费，还包括从事或服务于科研工作的科研人员以及开展科研工作所必要的物质条件等。根据评估的对象，科研绩效评估可以分为三个层次，即面向地区或行业的宏观科研绩效评估、面向科研机构或科研团队的中观科研绩效评估和面向科研项目或个人的微观科研绩效评估。

目前，对于高职院校科研考核的内涵有两种研究视角。一种从高职院校组织层面进行研究，认为高职院校科研绩效考核是对高职院校层面的组织绩效的评价。2005年12月29日，国务院印发的《国家中长期科学和技术发展规划纲要（2006—2020年）》指出："目前我国科技投入管理和调控尚缺乏有效的资源整合机制，投入不足和浪费低效并存，资金管理较为粗放，绩效考评和问责机制薄弱。"因此，从这个意义上来讲，科研绩效评价是在一定科研目标的基础上，运用科学、规范的评价方法，对高职院校一定时期的科研投入、产出进行定量及定性的分析，并做出真实、客观、公正的综合性评判。也就是说，高职院校科研绩效通过对一所高职院校总体投入的人力、物力、财力与科研成果和人才的产出的比较，来反映出高职院校的社会效益和经济效益。客观上说，这种以最小科研投入获得最大科研效益的行为，是对高职院校科研工作的本质要求。另一

167

种则从微观角度,即从高职院校内部对科研人员的绩效产出进行评价。该研究主要从管理过程的角度看,认为绩效考核是指高职院校对照教师工作目标或绩效标准,采用科学的考核方法,评定教师的工作任务完成情况、工作职责的履行程度和能力发展情况,并且将评定结果反馈给教师的过程。绩效考核的本质就是考核高职院校内部教师对高职院校的贡献,或者对高职院校教师的价值进行评价。它是高职院校与教师之间为提高教师能力与绩效、实现高职院校发展战略目标的一种管理沟通活动。在这个视角下,高职院校教师科研绩效评价的基本方法是同行评议,但是同行评议具有耗时久、成本高、易受主观因素影响等局限性。一般来说,学术界对高职院校教师科研绩效的评价,是从科研成果数量和质量双重角度来综合考查教师的科研水平,如以教师论文发表数量和被引频次两个方面来综合考查教师的学术成就和对学科的贡献,前者说明教师的文献产量或科研能力,后者说明教师生产的文献的质量、交流传播程度和学术水平。

二、高职院校科研绩效考核的理论基础

(一)现代人力资本理论

现代人力资本理论形成于20世纪60年代。该理论主要是基于传统物化资本的批判以及破解1945年后经济迅速增长之谜提出的经济学理论。主要代表人物有美国经济学家西奥多·舒尔茨和加里·贝克尔。1960年,舒尔茨率先提出"人力资本"的概念,并深入解释了人力资本对于促进1945年后经济增长的积极作用以及投资方式和资本积累的形成过程。他明确指出:"人力资本是社会进步的关键因素,也是经济增长的动力。"他还认为,"人力资本是体现在人身上的技能和生产知识的存量",且"这种人力之所以成为资本是因为它已经成为人的一部分,同时可以带来未来的满足或者收入"。同时,"如果一个国家的人力资本存量越大,则该国人力资本质量就越高,其国内人均产出或劳动生产率也越高","人力资本投资主要包括医疗和保健、在职培训、学校教育、迁移活动等途径",而"高水平人力资本之所以具有较高生产率并取得较高收

入,是因为他们具有较高的处理非均衡的能力"。贝克尔沿用了舒尔茨的人力资本概念,但将研究重点从宏观分析转向微观经济个体收入分配与人力资本的关系中来,系统阐述了人力资本投资形式及收益。他认为,"用于增加人的资源影响未来货币和心理收入的活动被称为人力资本投资",并指出:"人力资本是通过人力投资形成的资本,决定人们是否进行人力资本投资和投资量多少的关键因素是这种投资的内部收益率。"

　　为什么要进行高职院校的绩效考核? 第一,可从舒尔茨对教育投资的测算和相关结论中获取理论依据。舒尔茨采用收益率法测算了人力资本投资中最重要的教育投资,对美国1929—1957年间经济增长的贡献,充分证明了教育投资能增加人力资本积累,进而促进社会经济增长的结论。根据舒尔茨的观点,教育投资既然是促进社会经济增长的决定性因素,那么高职院校作为培养创新人才的主要教育机构,势必成为形成人力资本投资的重要渠道和载体。该载体的收益和贡献的测算则成为衡量高职院校对社会经济发展贡献的重要依据。同时,高职院校作为社会系统中一个开放、交互存在的组织,势必在获取、使用、分配社会资源的过程中要遵循市场经济规律,即考量高职院校投入与产出的绩效。第二,对教师绩效考核的必要性,则可从贝克尔的微观分析中找到。贝克尔从效用最大化原则出发分析人力资本问题,把人力资本观点发展为确定劳动收入的一般理论,即确定了高职院校教师个体收入与高职院校教师人力资本之间的对应关系。据此,高职院校教师人力资本表现,为现在或者将来带来收益所要投入的技术、知识、创新概念等综合的资本存量,即高职院校教师花费在健康、教育、实践和培训诸方面的支出所形成的资本。2006年,人事部出台的《事业单位工作人员收入分配制度改革方案》的核心是实行岗位绩效工资制度。该制度突出强调要把高职院校教师的具体岗位和工作绩效联系起来,使教师的收入与相应的岗位、业绩和实际贡献相对应,这一点不仅符合贝克尔现代人力资本理论中确定劳动收入的一般理论,也符合高职院校的具体岗位特点。显然,高职院校教师实施绩效考核是现代人力资本理论的应然诉求。

（二）人性假设理论

人性假设理论是研究管理活动中人的特性、本质、行为表现以及人性与环境对应关系的管理理论。人性假设是指在组织管理活动中,管理者对被管理者共有的工作需求、动机、行为等人性特性的基本认知和判断,即回答了"人为什么而工作"。该理论根据对人性的基本预判(即人性假设)来选择适应的管理对策,以达到调动其工作积极性的目的。该理论主要有"经济人""社会人""自我实现人""复杂人"四种人性假设,并在此基础上形成了"X、Y理论"。根据不同人性假设,管理者通常会采取不同的管理对策,如,"经济人"对应"大棒式"严格管理模式,"社会人"对应"胡萝卜式"行为激励模式,"自我实现人"对应"分权民主参与式管理模式","复杂人"对应"权变管理模式"等。而"X、Y理论"则指出:"每一管理决定或行动背后都隐藏着有关于人的本性和行为的假设,尽管这些假设通常是隐含的、没有被意识到的、自相矛盾的,但它们却决定着人们的预测活动。"

如何进行绩效考核?考核工作的逻辑起点在哪里?人性假设理论作为管理思想和观念的认识基础,直接决定管理者的管理原则和管理方式。第一,人性假设理论为高职院校管理者提供了分析和判断教师工作行为的工具。高职院校教师绩效考核是一项以人为主体的管理活动,其管理过程就是高职院校管理者,通过对高职院校教师"工作动机和需求"进行客观判断后采取相应的绩效考核行为。然而,每名教师背后的心理需求、动机、价值观、态度、效用评价、行为准则等表现为复杂化和个性化的特点。同时,任何一名教师在进入高职院校之前,均已受到社会、家庭和学校教育的长期影响,其成长环境使其具备了相对稳定的人性特征。因此,要客观判断高职院校教师行为,就必须系统掌握并灵活运用人性假设理论。第二,高职院校管理措施也可重塑教师的人格。尽管高职院校对教师的个性行为有预判,但和其他组织一样,相应的管理活动都是为了引导和约束教师的个体行为,以实现高职院校的发展目标。因此,高职院校为引导差异化的教师个体行为,并将其统一在高职院校发展的目标之下,通常会通过具体的管理手段和方法,来缩小和整合个体差异性和人与人之间的关系,从而达到塑造人性的目的。这种最常见、最有效的管理手段和方式之一就是绩效考核。在绩效考核过程中,高职院校管理者所持有的人性假设,必然引出相应的管理策略和管理效果,进而影响高职院校运行和发展的过程和最终结果。因此,人性假设理论被视为高职院校教师绩效考核管理活动的逻辑起点[①]。

(三)激励理论

激励理论在逻辑上和学理上与人性假设理论密切相关,是人性假设理论的延续和拓展。该理论形成于20世纪初,是一门从人性出发,以人为核心,通过构建人的需求、动机、目标、行为之间的互动关系来激发工作积极性的行为科学。激励理论认为,人的工作积极性和工作绩效成正相关关系,且工作积极性的激发主要取决于内在心理需求的满足和动机激发的程度。根据人的需求与行为之间作用层次和结构不同,激励理论将人的激励方式分为内容型、过程型和综合型三种。其中:内容型激励理论侧重研究人工作行为背后的原因,即回答"人为什么要工作""工作的原因和需求是什么";过程型激励理论则关注人在工作过程中整个心理活动的需求内容及其满足,系统阐述人在完成工作目标整个过程中选择特定行为的原因;综合型激励理论则在前两者的基础上将人的内在激励与外在激励因素综合在一起,形成"激励→努力→绩效→奖励→满足"激励模型,并从满足回到新一轮努力的良性循环之中。

绩效考核的真正目的是通过考核激发教师的工作积极性。但考核什么？如何通过考核激发教师的工作积极性？而什么又是教师真正需要并能够被激发起来的？第一,激励理论中的内容型激励理论非常系统地阐明了人的工作需求从低级到高级、从单一到复杂变化的内容和规律,特别是指出了知识型和高级岗位人群工作需求的内容及满足途径。认为只有满足围绕以工作本身的精神需求为主的激励因素,才能真正调动工作积极性。这一点对于发现和找到激励高职院校教师的管理办法有着重要的指导作用。第二,该理论为高职院校教师绩效考核内容的设计提供了科学依据。激励理论中根据人的需求差异采取不同激励措施的分类管理思想为高职院校实施岗位分类考核提供了具体指导。目前,高职院校将岗位设置为专业技术岗、管理岗和工勤岗三类,并在此基础上设计不同考核内容,以期符合各类岗位的工作特点和工作需求,恰恰是这一理论基本思想的体现。第三,激励理论提供了高职院校教师绩效考核结果的运用模式。例如,高职院校教师的绩效考核结果直接与薪酬和职称晋升、培训进修、教师发展等建立联系。以教师薪酬发放为例,教师的薪酬结构主要分为岗位、薪级和绩效工资三部分。其中:薪级工资是教师凭借其资历和专业等级直接参与收入分配的具体体现;岗位工资则间接反映了不同教师在获取不同岗位时的能力差异所导致的收入分配的差距;绩效工资则体现出教师个体间由于人力资本投入的差异性直接导致的实际工作业绩和贡献的区别。

三、高职院校科研绩效考核的研究现状

进入21世纪以来,随着国家科技事业的发展,高职院校的科研活动表现出资金投入持续增加、资源分配和利用效果日益受到社会关注、给社会带来的效益不断增大的新趋势,这对高职院校科研绩效考核提出了更高的要求。所以,科技部、教育部等相关部门高度重视科研绩效评价工作,一些高职院校和研究机构的专家学者开展了高职院校科研绩效考核的研究工作,取得了一定的研究成果。在当前阶段,教师科研绩效考核的方法和指标更显重要,这是因为教师绩效考核的激励措施逐步加强,突出体现为考核结果与分配挂钩的倾向。

(一)对高职院校科研绩效考核视角的研究

国内外有关高职院校科研绩效的评价研究主要有两个视角:一个是单维的输出视角,只考量高职院校科研的产出,包括科研成果的数量和质量,并以此作为大学科研能力排名的重要指标。另一个是双维视角,即投入/产出的效率视角。投入包括科研活动所需的人、财、物,产出则包括科学研究产生的各类科技成果。如中国传媒大学新闻传播学部副学部长、教授王晓红等人将人力资源配置、科技经费与项目作为科研活动

的投入量,将科技成果、科技交流、科研奖励与收益作为科研活动的产出量,运用多指标综合评价法,选取了57所高职院校作为评价单元,进行科研绩效评价。

(二)对高职院校科研绩效考核方法的研究

国内外关于高职院校科研绩效考核的方法研究可分为定性研究和定量研究两大类。定性研究主要包括同行评议、360度测评方法等。定量研究主要包括文献计量分析法、层次分析法等评价研究。比如,我国学者曹彦斌等人提出了评价指标权重的评价法。哈尔滨医科大学图书馆管理员史兴伟运用计量评价理论和方法开展了高职院校科研成果量化评价。集美大学教授郭银清运用层次分析法确定各指标的权重,借鉴成本收益法的思路,对高职院校科研效益综合评价模型进行了探讨。张家口市职教中心教师张运华、张家口市职教中心教师郭海娜等学者则认为,直接比较法、生产函数法、模糊评价法和DEA方法等是评价高职院校科研绩效的主要方法。中南财经政法大学法学院教授周丽琴、中南财经政法大学法学院副教授陆剑等学者认为,人工神经网络、数据包络分析法、灰色决策分析评价法、元评价和模糊综合评价方法等新的评价方法也逐渐成为研究的热点。我国高职院校科研绩效考核基本采用定量评价法并结合专家定性判断法,其中作为定量评价法的文献分析法和层次分析法是我国应用最多的方法。

(三)对高职院校科研绩效考核内容的研究

对高职院校科研绩效考核内容的研究主要集中在以下两个方面:第一,关于考核指标的研究。综合投入、产出以及投入/产出关系的指标在科研绩效评价指标体系的构建方面有较广泛的应用。但效率评价指标的选择和数据来源的不同均会产生不同的评价结果。第二,对评价单元选取的研究可分为几个层次,第一类是以某一专业或学科作为科研绩效的评价单元;第二类是以学校作为评价单元,来做学校的整体科研绩效;第三类是将某一区域内的高职院校作为评价单元。

总体来说,已有的研究虽然对高职院校科研绩效考核进行了大量卓有成效的探索,丰富并完善了科研绩效考核的理论和实践,但目前我国高职院校科研绩效考核体系还没有完全形成,有关评价理论、模型与评价方法综合运用等还需要进一步完善与发展;众多高职院校还缺少科研绩效考核的知识管理和数据库系统构建以及对考核数据跟进等深度研究,科研管理绩效评价没有形成统一的理论与方法框架;针对教师个人科研绩效的评价指标没有体系化,考核方法比较简单,评价的深度和广度还不够,考核评价体系的科学性、合理性还缺少必要的质量监控;缺少对近年来高职院校科研绩效及其动态趋势的实证研究,等等。

第二节　高职院校科研育人绩效考核现状

高职院校科研绩效考核的重要客体就是教师,因此科学有效的科研绩效考核对调动和提高教师的积极性和创造性是十分重要的,也在很大程度上关系到高职院校的科研、教学和社会服务三大功能的发展水平。但就有关文献的整理以及各高职院校的实际情况来看,高职院校教师科研绩效考核的目标比较复杂,在日常实施过程中还存在很多问题,并很大程度上影响了教师的正常教学和学校的可持续性发展。

一、绩效考核"制度性缺失"逐渐显现

高职院校科研绩效考核办法对于调动教师的科研积极性、提升学校的科研实力均起到了很好的推动作用。特别是在学校进入快速发展建设阶段,以科研论文、科研项目等为考核指标的结果型量化目标考核方法对于提升学校综合实力和排名具有明显的激励作用。但是随着学校发展步伐的不断加快,这种制度设计层面的不合理逐渐表现出来,不仅影响了学校发展战略目标,也挫伤了很大一部分高水平教师的积极性。主要表现在:一是没有兼顾不同学科、不同专业方向,而是采用一把尺子去度量所有的学科,导致教师在科研绩效的认定标准上的不同意见日渐增多。二是教师在国际会议上发表论文并被检索的比例加大,表面上看

是提高了科技成果的含金量,实则造成了学术成果的虚假繁荣。三是由于政策的短期(年度或聘期)激励导向,可以在短期完成的一般性研究成果不断增加,那些需要潜心研究多年才能完成的、有重大影响的高水平成果增幅较低。四是在个体竞争意识被高度强化的前提下,团队科研的意识难以培养,教师仍热衷于单打独斗、"短平快"地拿下小项目,不愿主动参与大的科技创新团队和承担大项目。

二、绩效考核目标的"教育异化"

尽管现代人力资本理论强调教育是促进社会经济增长、提高人力资本数量的重要途径,但如果过分夸大教育与人力资本之间的投入与产出的物化关系,就会导致过分追求教育投入的经济功利化和实用主义。例如,很多高职院校主管部门对绩效考核的目标以量化的科研成果经济效益指标为主;企业层面的教育培训投入则以员工工作实际绩效提升与否为衡量标准;家庭层面则视教育投入为获取好工作、高收入、改善物质条件的手段。单就高职院校整体投入与产出的绩效评价而言,一味地追求教育投入与经济效益的产出对比,在很大程度上已经偏离了大学教育的本质和精神。正如美国著名高等教育专家克拉克·克尔所强调的那样,"大学既是创造、传承、运用知识的学习化世界,也是培养和开发人性理性精神的家园""大学正在找回中世纪早期那种学术无国界和自由探索的理想,回复到一个既追求优秀和卓越,又努力实现普遍入学的学习国际化的世界"。这表明,大学的本质在于以知识学习和理性精神培养为核心的非完全功利性的文化属性,因为只有人文教育和文化传承才能够真正打破国家和民族边界,实现无国界的自由融合。如果长期受到教育实用和功利主义绩效考核目标的影响,尽管越来越多的教育投资在短期内迅速提升了人力资本投资所有者获取价值增值的能力,提高了教师的工作技能,达到其获取更好经济收益的目标,但从社会长远发展角度看,这种过于物质化的实用主义观念过分强化了大学教育的经济功能,而忽视了大学教育的文化传承及对人性开发和文明发展的内在需求。

三、绩效考核过程中的"过度行政化"

现实中的高职院校绩效考核过程也表现出了过度行政化问题。一是高职院校绩效考核的指挥棒掌握在各级行政主管部门手中。这些主管部门按照不同层次和职能分别控制着高职院校发展所需的各种资源,甚至还要对高职院校进行各种评价和排序。于是,就会出现高职院校到处拉关系、跑项目、争资金的怪象。二是高职院校内部教师的任用和评聘考核也几乎按照事业单位的行政管理级别来认定和管理。这种行政权力的过度干预通常会使高职院校学术管理行政职权化,使本应以学术活动为中心的职能长期处于行政异化的边缘。三是高职院校内部科层制度降低和损害了教师的归属感和积极性。现有高职院校的管理体系为典型的科层制,不仅存在行政级别过多、管理链条过长、分工过细、机构庞大的结构问题,还表现出沟通不畅、决策缓慢、考核失当、长官意识严重等行为问题。四是高职院校教师绩效考核主体的设置也有行政化倾向。现有教师绩效考核主体是按照高职院校内行政级别排序组成的各层次领导层,如由校长、分院院长或处长、副院长或副处长、系主任(科长)组成的领导班子来构成,教师仅仅处于这种科层制的最底端,其绩效考核评价权通常又被领导们所占的高比例权重所稀释①。

四、绩效考核方法的"企业泛化"

高等教育具有产业属性,必须适应市场需要。把市场机制适当引入高职院校,追求更高效率无可非议,但如果把高职院校办成企业,用考核员工的办法来考核教师,则是无视教育规律、企业泛化的表现。具体表现为:一是高职院校间的绩效考核成为一种盲目的"规模比较"和"产量攀比",如将高职院校培养学生完全视同为"产品生产",参照企业扩大经营规模、降低成本来提升绩效,势必要将高职院校置于一种盲目扩大规模、提高产出的"企业经营模式"之下。事实上,在现有高职院校评价指挥棒下,很多高职院校已经陷入争夺政府资金和社会生源的无序竞争的旋涡中。一些高职院校通常会为申办学科点、开办新专业盲目扩建楼堂

---

① 罗洁.基于激励需求的医学类高职院校的激励机制问题与对策研究——以江西医学院(上饶分院)为例[D].南宁:广西大学,2012:13-16.

馆所、扩招学生,不顾自身条件和无视教育规律极力把自己打造成"高职院校航母",其办学质量可想而知。二是高职院校内部教师的绩效考核出现重数量、轻质量的倾向。高职院校为提高教师科研和教学成果的产出,严重违背学术研究的自然发展规律,将考核的量化结果仅仅与教师薪酬和职称挂钩,而忽略了教师全面发展的需求。结果导致教师为追逐名利不得不选择一些"短平快"的研究项目和拼凑各种低水平的学术论文。三是高职院校套用企业绩效考核方式来奖惩教师容易激发教师矛盾,如模仿企业绩效考核的末位淘汰制来惩戒教师就非常不合理。

第三节　高职院校科研育人绩效考核激励效果评价

一、高职院校科研绩效考核的满意度效果评价

高职院校科研绩效考核激励是高职院校管理的重要内容,对于提高高职院校的科研水平和质量具有重要的意义。而评价激励措施是否有效,首先要看高职院校教师以及高职院校教师科研服务对象对于这些绩效考核措施的满意度如何。一是要看评估被考核教师的满意程度,即被考核教师反应层面的评估。这种评估主要是指被考核教师对考核的印象如何,包括对考核主体和考核目的、内容、方法、自己收获的大小等方面的看法。反应层评估主要是在科研绩效考核过程结束时,通过问卷调查或者访谈等方法来收集被考核教师对于考核的效果和有用性的反应。这个层次的评估可以作为改进绩效考核内容、考核方式、考核周期等方面的建议或综合评估的参考,但不能作为评估的结果。影响教师科研绩效考核认知层面满意度的因素主要有以下几个方面:科研绩效考核制度设计本身、科研绩效考核结果与薪酬待遇和职称晋升发展的关联度、科研工作环境和条件、科研管理模式和领导风格、科研团队建设和人际关系、教师个体特质、高职院校发展前景以及教师服务对象的满意度等。在实际满意度调查过程中,通常要基于以上影响因素设计出相应的教师

科研绩效考核满意度调查问卷,内容涉及对考核方法本身的认可、考核者信赖程度、考核指标的合理性等总体认知层面的接受程度。二是要注重高职院校其他群体如管理者、学生、社会关联群体对于教师科研工作的满意度评价。研究我国高职院校教师科研绩效考核激励效果如何,就要关注外界对于教师科研工作情况的满意程度。目前,大多数高职院校一般只将教师本身满意度评价作为一项绩效考核制度激励效果的评价,却没有将其他相关群体作为判断绩效考核激励效果发挥与否的评价标准。对于教师,尤其是一线基层教师,他们直面学生,学生最了解他们的教学科研工作情况,因而可以直观感受教师科研绩效考核前后的变化。教师科研工作对学生而言,具有帮助学生获取新知识、掌握学术前沿动态、了解国际新趋势、激发学习热情、增强创新能力等方面的重要作用。一方面,教师通过科研工作的开展,会将最新的学术前沿信息贯穿到整个教学过程中,使学生及时获取到最新的学术动态;另一方面,学生在参与科研工作的过程中,进一步激发对学术问题的探讨,加深对学科领域的认知,带动和激发学习的热情。另外,也可以从教师进行校企合作过程中与社会对接服务的企事业单位、社会网络媒体、新闻媒体角度发现教师科研考核前后的变化,了解社会大众对于教师科研工作的满意程度,从而评价教师科研绩效考核的激励效果。

二、高职院校教师科研能力提升度效果评价

高职院校教师的科研能力就是指教师履行岗位科研职责发挥自身作用的能力。教师科研绩效考核激励效果发挥好的重要标准之一就是教师自身科研工作能力的提高。对教师的科研能力提升的评估实际上要回答一个问题:"接受科研绩效考核的教师学到东西了吗?"这一阶段的评估要求通过对教师参加科研绩效考核前和科研绩效考核结束后知识专业测试的结果进行比较,以了解他们通过参与科研绩效考核是否学习到新的东西。同时也是对科研绩效考核设计中设定的教师科研能力提升目标的核对。这一评估的结果也可体现出科研绩效考核制度设计者和实施管理者的工作是否有效。但此时,仍无法确定参加科研绩效考核的教师能否将他们学到的知识与技能应用到科研工作中去。

教师的这种提升主要体现在教师科研意识、专业知识、专业技能等方面的改善和提高。第一,教师科研的突破口在于能否找到研究课题,其思维的内在动力是科研意识,即教师有无强烈的问题意识、能否找到合适的问题,均会影响着教师的科研实践。因此,应该努力培养高职院校教师的科研课题意识。然而,很多高职院校特别是地方高职院校的教师存在的一个普遍的问题是科研意识缺乏,对于自己所学的专业和研究领域,40.5%的教师会偶尔了解一下最新科研动态,在被调查的教师中也有11.3%的人很少或从来不去关注这些问题。之所以会出现这样的现象,其原因是多方面的,但缺少相应的动力机制,如教师有无完成或是否进行科研绩效考核缺乏有效的监督,也没有相应的奖惩举措,一定程度上影响着教师从事科学研究的积极性。第二,在科研绩效考核结束后,还要评估教师是否在知识、技能等方面得到了提高。科研工作对高职院校教师而言,无疑具有拓展专业知识、丰富学科结构、提高教学能力、提升学术水平、实现职务晋升的重要作用。开展科研工作,可以促使教师更加自觉、更加主动地去思考专业中的诸多新问题,更加广泛地猎取新知识,更加积极地探求解决之道。正是在不断进行科研的过程中,教师自身的科学素养和科研能力得以提升。科研工作对教师的学科专业而言,具有充实学科内容、完善学科结构、健全学科体系、促进学科建设等方面的重要作用。随着科技的进步,知识的更新速度不断加快,客观上对学科的发展也起到重要的推动作用。尤其是新兴学科和交叉学科的不断涌现,整个学科体系的建立、健全、完善和发展,都需要有大量科研工作的开展、深化和支撑[①]。

三、高职院校教师科研行为转化度效果评价

高职院校教师科研行为转化度就是要看教师科研工作态度经过绩效考核后是否得到了正面引导和激励,是否由原来的被动参与、应付转化为积极主动式参与。高职院校教师科研行为的转化程度,回答了教师科研行为是否真正得到了改变。在行为转化过程中,态度转变是关键。所

---

①徐宝晨.高职院校提升特色科研服务的思考[J].新教育时代电子杂志(教师版),2014(27):131,44.

谓态度,是指个体自身对社会存在所持有的一种具有一定结构和比较稳定的内在心理状态。态度包括认知、情感和行为三个维度,认知是基础,情感成分是核心和关键,行为是一种准备倾向。积极肯定的认知和情感,能够引发人积极主动的行为;反之,消极否定的认知和情感,将引发人采取消极被动甚至抵触的行为。如果能够以绩效考核为契机,成功将高职院校科研管理中的这部分教师的消极科研行为转化过来,使得整个科研氛围向更加积极向上的方向发展,那么绩效考核的激励效果也就得到了很好的发挥。具体操作时,由于高职院校教师的科研态度的评估具有非常强烈的主观色彩,为确保评估结果的可信度,可以利用管理学中的360度评价法,选择教师自评、科研工作主管评议、教学单位同事之间内部测评、教师科研服务对象测评等来确定。总之,通过科学有效的科研绩效考核来帮助高职院校教师树立正确的科研态度,对其从事科研活动是至关重要的,职称、学历越高,对科研的认识就应该越高、情感越好,行为表现就应该更为积极主动,因为良好的科研态度是高职院校教师积极从事科研的心理准备状态。

四、高职院校教师科研业绩增长率效果评价

这一阶段的评估要考查的不再是被考核者的情况,而是从被考核者教师扩大到所在部门和高职院校的大范围内,了解因绩效考核而带来的组织层面的改变效果,即要回答"科研绩效考核给高职院校带来了什么影响"的问题。这一阶段评估的费用和时间、难度都是最大的,但对高职院校的意义也是最重要的。

第一,要看教师的科研业绩增长程度,即教师经过绩效考核后在一定时期内所创造的科研业绩增长变化情况。具体的科研业绩体现在几种表现形式:一是在各种学术期刊上发表的学术论文以及科技报告;二是出版的学术专著;三是申报的国家发明专利;四是获得国家、各部委、各省(自治区、直辖市)、各单位设立的各种科研成果奖。从科研成果的几种表现形式可以看出,科研成果是比较偏重于学术价值和技术创新的一项指标。也有的学者在分析比较国内外高职院校科研评估体系的基础上,考虑到中国科技发展和高职院校科研发展的政策导向,将高职院校

产出效益界定为高职院校科研产出对经济、社会发展以及学术研究的促进和影响。高职院校科研产出效益的衡量主要包括知识产权转化、国际交流与合作、成果获奖、论文影响力四个维度。由于人文社科与理工类学科的科研产出成果差异较大,将分别对理工农医和人文社科两大类建构相适应的科研产出效益评价指标体系,如理工农医类的科研产出效益指标包括成果获奖、知识产权转化、国际交流与合作、论文影响力等人文社科类指标,包括成果获奖、社会服务、国际交流与合作、论文影响力等。

第二,还要看高职院校教师科研工作效率是否得到提高。教师是高职院校人力资源的核心,教师的科研工作效率直接决定着高职院校乃至整个国家科研的发展。高职院校教师的科研绩效考核,归根结底是一种手段,最终结果是要促进教师科研工作效率的提高。因而,从教师个人的科研工作效率是否得到提高,就可以了解到绩效考核的激励效果是否得到实现。作为一种评价标准,具体的量化就需要因不同岗位而有所区别,不能一概而论。对于个别难以量化的岗位工作,可采取自评、民主测评等方法进行考核前后的效果对比。

第四节　高职院校科研育人绩效考核激励问题及对策

高职院校教师科研绩效考核是高职院校为激发和调动教师从事科研工作的积极性而采取的关于教师科研考核评价的目的、原则、内容、标准、办法、措施、作用以及实际运行、操作的方式方法等一系列管理手段。高职院校科研绩效考核的激励功能是通过发挥教育管理层面的宏观引导作用、完善高职院校为主体规范考核过程、保障教师民主参与决策等措施来实现的。但在具体实施过程中,科研绩效考核究竟在多大程度上实现了激励作用,还有待进一步考量。特别是在与教师发展、薪酬制度改革、职称评聘制度改革对接方面存在比较突出的矛盾。

一、高职院校教师科研绩效考核激励的成效

从制度设计和输出层面看高职院校科研绩效考核激励效果如何。自20世纪90年代末期开始,我国高职院校为实现从精英教育向大众化教育转变的需要,在人事制度层面也相应地进入全面深化改革阶段,主要内容包括建立绩效考核与分配制度有机结合的激励机制;将岗位设置管理与聘用制度相结合;初步建立高职院校职员制度。其中,最为重要的内容就是以绩效考核为核心的人事分配制度改革,该项改革直接将高职院校教师的职称评审、收入、待遇、年终奖励、奖惩等与科研绩效考核紧密结合起来,触动了教师最根本的个人利益。

(一)制度设计体现了"公平与客观"的原则

高职院校科研绩效考核制度设计体现了"公平与客观"的原则。其中,公平是确立和推行教师科研考核制度的前提。不公平就不可能发挥绩效考核应有的作用。也就是说,科研绩效考核制度不仅对所有教师提出了一视同仁的考核制度,还明确规定了考核标准,针对客观考核资料进行公平公开的评价,尽量避免掺入主观因素和感情色彩;同时,高职院校科研绩效考核激励制度本身还体现了"按教师实际科研贡献参与分配"的客观原则。高职院校无论是在社会功能、用人机制还是在资源配置方面都不同于其他行业,特别是在科研绩效考核和收入分配制度方面具有鲜明的自身特点。也就是说,在高职院校推行绩效工资制度是将教师岗位科研工作职责和内容与绩效联系起来,使教师的收入与相应的岗位、科研业绩和实际贡献相对应,这是符合高职院校特点的。

(二)制度设计基本符合了高职院校教师的职业特点

第一,高职院校教师从事科研工作主要是脑力劳动,它是将知识、技术等与精神性劳动相结合的特殊劳动,具有异质性和创造性。所以,在绩效考核制度设计中提出要坚持定性与定量相结合,过程考核与结果、素质考核相结合的原则。

第二,在教师分配制度中也坚持在按劳分配基础上实行按人力资本生产要素贡献大小分配,这也是高职院校教师职业特点的综合反映。目

前,高职院校教师薪酬结构主要由岗位、薪级和绩效工资来反映。其中,岗位工资反映的是教师的岗位职责和要求,体现按劳分配原则;薪级工资反映的是教师工作表现和工资资历;绩效工资则反映出教师的实际业绩和贡献绩效,这是人力资本作为生产要素参与分配的体现。

第三,高职院校教师绩效考核激励制度还体现出了"公平与效率"相统一的原则。在我国收入分配制度改革进程中,公平和效率的关系不断演进。最初的提法是"效率是前提",接着是"效率优先,兼顾公平",然后是"更关注公平",现在是"提高效率同促进公平结合",这个变化过程也说明收入分配制度改革的目的就是缩小收入差距,体现社会的公平正义。高职院校教师的收入分配无论采用哪种形式,都应遵循效率和公平统一的原则。现有的制度设计中,高职院校普遍实行"按需设岗,以岗定薪",通过竞聘上岗的人事制度,体现了效率原则,择优录用体现了效率优先。其中,薪级工资体现的是相对公平和累计效率,绩效工资包含基础部分和奖励部分。基础部分由岗位和基本业绩决定,体现相对公平;奖励部分由实际贡献大小决定,强调效率。这样在制度设计层面既能保障合理拉开差距,最大化发挥激励机制,又体现了公平正义。

二、高职院校教师科研绩效考核激励的问题

尽管高职院校教师科研绩效考核激励制度设计总体层面符合高职院校激励的基本原理和原则,但高职院校教师科研工作的复杂性、科研政策的探索性、高等教育不同群体多元利益的交织性和激励实施过程中主客观因素影响的不确定性等,决定了教师科研激励制度实施过程的复杂性和特殊性。科研绩效考核激励制度的实施是一个涉及多方面、多因素、多层次、多阶段的动态系统,呈现多层次、多风格、多变化的态势,加之激励的内外部环境也是千差万别、千变万化的,其运行的逻辑和轨迹不可能是一种简单的重复运动。目前,高职院校的科研绩效考核激励制度在运行过程中就存在以下几个方面的问题:

(一)激励路径出现偏差

第一,激励目标背离初衷。科研绩效考核激励是一种有目的、有意识

的活动,只要以明确具体的目标作为导向,激励引导功能就会最大限度地发挥出来。但很多高职院校在制定科研考核目标时,通常过度追求科研数量、严格限定科研周期、苛求科研经费规模、盲目追求科研项目级别等硬性指标,从而导致广大教师一味地赶超科研数量而忽视质量,甚至出现学术抄袭、科研项目寻租、学术腐败等问题。

第二,即便考核目标清晰准确,但是在考核过程中如果缺乏公平公正的评价主体和科学的评价方法,也难以保证激励作用的发挥,如现有的"代表作考核制度"仍然难逃量化等级赋分的宿命。因为"代表作制度"下如何选择评审专家、如何科学界定代表作的科研成果的质量和水平均在操作层面存在很大的技术障碍。目前,虽然很多高职院校都在试图寻找一种看似科学合理的"专家同行评议"的方法,如外校专家匿名评审制度、本校专家实名评审制度等,但这些都无法给出最权威、最信服的结论。同时,对于科研成果的考核方法选择,各个高职院校都在试图寻找既能反映科研成果数量,又能反映科研成果质量的定量与定性相结合的双重考核办法。但在实际选择中,由于定性考核的方法具有很浓的主观色彩,很多高职院校管理者缺乏相应的管理技术背景,因此通常将考核化繁就简,采用以科研经费、论文发表数量、专著出版数量、科研成果转化等量化指标为主的积分评价方法,这就不仅导致对教师科研等业绩的考核缺乏公信度,同时也严重降低了教师的科研积极性。总之,考核路径中考核目标、考核主体、考核方法等关键节点的选择和运行如果出现问题,则激励效果一定会大打折扣。

(二)激励对象的动力不足

尽管部分教师从事科研的主要动力来自评职称,一旦职称到手,他们便不会再重视科研工作,没有动力再去搞科研。但绝大多数高职院校教师需要的复杂性决定了科研激励手段的复杂性,如果高职院校制度设计中不采取多样化、灵活的激励方案,不能兼顾教学激励和科研激励,不能充分考虑不同个体、部门、学科、职称的差异化需求,不能将考核结果与教师薪酬分配、职位晋升评聘等环节对应上,就难以真正激发教师的科研动力。具体表现为:一是高职院校对教师的需求研究不足。高职院校教师的需求存在着年龄、职称、学历等带来的差异,这决定了高职院校科研管理者应针对不同年龄阶段、不同学历和职称的教师采取相应的科研激励措施,以达到满足各类教师需要的目的。事实上,不同层次、不同类型教师的需要结构、需求层次以及他们在不同时期的主导需要都是不同的,特别是不同学科教师的科研成果在表现形式、产生条件、科研环境、能力要求、完成周期、应用前景等方面均存在很大的差异,很多高职院校没能有针对性地设计出一套能够在不同学科之间进行有效横向对比、相对公平合理的考核激励制度,因此也就无法持续有效地对教师进行激励。二是对激发教师科研需求的外部诱因的驱动不足。例如,教师科研经费投入不足,教师科研所需要的实验条件、科研场所提供不足,教师培训和学习机会不够,科研政策和制度不连贯,科研团队建设薄弱,科研氛围风气缺失等问题如果解决不好,即便再好的条件,巧妇也难为无米之炊[①]。

(三)考核激励的效果不强

第一,科研绩效考核激励力度不够。例如,一些高职院校单纯重视科研精神激励,缺乏科研物质激励;或者在重视物质激励的同时,没有适当地关注精神激励。还有一部分高职院校建校时间太短、基础薄弱、科研专项经费较少,科研成果的奖励力度也相对较小,这些都在一定程度上制约了教师开展科研活动的积极性。

第二,科研绩效考核激励作用被人为弱化。高职院校教师科研绩效考核的原理是按劳分配、按贡献和能力分配。根据管理学中的"帕累托效率法则",高职院校的主要科研成果其实主要依靠教师中20%的那小部分科研骨干来完成,那么科研奖励是不是也应该相应地向这20%的教师倾斜,使这些在关键岗位做出大部分贡献的教师得到相对公平的科研奖励绩效工资?但这会遭到其他80%教师的反对而难以实现。同时,高职院校管理者为了学校的稳定和自身的政绩诉求,通常采取息事宁人的态度,实施"老好人"的分配方式。在实际操作中将原本属于科研绩效奖

---

①喻念念.高职院校科研工作服务地方经济社会发展策略[J].现代商业,2017(17):186-187.

励的那部分薪酬人为地按照教师资历、级别进行平均分配,这就导致了一种隐形的"新平均主义"现象。

三、高职院校教师科研绩效考核激励问题的成因

(一)各参与主体认知不到位

第一,高职院校教师科研绩效考核制度设计者和实施者等参与主体对激励功能认识不足。考核的激励功能虽然是固有的、潜在的且难以人的意志为转移的,但其激励功能的发挥不仅蕴含在教师考核的运行过程中,还需要各参与主体的科学设计、有序组织、规范引导和自我归化。一方面,可以将科研绩效考核看作指挥棒,它能够根据社会或学校需要调动和激发教师的积极性、主动性和创造性的行为导向;另一方面,也可以看作一种教师自我调节、自我发挥的主观心理状态和内在机制。但现在的很多高职院校及其主管部门的管理者缺乏对这两个基础的心理认知,考核者通常认为科研绩效考核就是对教师科研行为的一种监督手段,被考核者则认为是对自身科研行为的一种约束和控制,从而形成了一种双方监督与被监督的简单粗暴的对立关系。

第二,各参与主体对科研绩效考核激励机制的作用原理认知不足。具体体现在三个方面:一是思想中的传统观念根深蒂固,导致在实施过程中不敢完全按照贡献大小、能力高低分配绩效,在考核过程中过于宽松,在分配环节节节让步,最终导致教师个人收入与个人科研绩效不能合理对应,这严重制约着高职院校科研成果质量和水平的提高及科研杰出人才的培养。二是对教师的真正需求了解不足、重视不够,要么认为只要给教师提供足够的经费、物质条件就一定会出好的科研成果,要么就将教师视为一种管理成本,从而无视教师内在的人性需要和正当利益诉求,有的时候不顾教师所在科研环境和客观条件一味地提高科研考核指标,导致教师科研压力过大,从而产生抵触情绪,甚至采取不正常手段来应付考核。三是高职院校普遍存在论资排辈的传统观念,绝大多数教师在职务和职称的晋升中无论个人科研效考核表现多么优异,也通常无法逃出升级、晋升规定中的条条框框,只能根据资历和年限按部就班

地排队。总之,在科研绩效考核制度设计和实施过程中,各参与主体如果对激励机制原理理解有偏差,对教师激励的需要、动机和行为的心理状态过程研究不够,都可能产生各种实施操作层面的误差和问题。

(二)科研绩效考核激励机制不健全

发挥科研绩效考核激励作用的前提在于建立起一个以绩效考核为核心,各参与主体、参与要素之间相互作用、相互联系、相互制约的激励机制。一套完整有效的激励机制应该包含三个支点和三个通路,三个支点分别是:高职院校科研目标体系,即高职院校在科研成果数量、质量、时间、成本、效益等方面的具体要求;诱导因素集合,即用于调动教师科研工作积极性的奖酬资源;教师个人因素集合,即包括教师的需要、价值观等决定教师个人参与并接受科研绩效考核的一些因素,以及教师科研能力、素质、潜力等决定个人对学校科研贡献大小的一些因素。三条通路分别是:分配制度,即高职院校科研绩效考核结果对应的方式和原则,这些分配制度将奖酬资源公平合理地与教师个人科研绩效结果之间建立起互动关系,分配制度的设计决定了教师科研成果能不能得到、如何得到、得到多少奖酬资源;科研行为规范,则是对教师科研努力方向、科研行为方式以及应遵循的价值观等行为的规定,行为规范也作为科研绩效考核者和管理者对教师科研过程控制和监督的一种依据,因此,行为规范就成为教师个人素质与高职院校科研目标体系之间的一个通路;信息交流,则是指各参与主体的信息要在整个考核激励过程中保持畅通和回路循环,如考核者要及时掌握被考核教师的个人需求和科研动机,同时要对考核过程中发现的问题及时给予技术支持和管理辅导沟通。教师也要通过过程中的信息反馈及时掌握高职院校能够有哪些奖酬资源可以获取、哪些条件和资源可以利用。因此,信息沟通是连接教师个人需求与诱导因素之间的通路。

目前,高职院校科研绩效考核激励机制的实际状况是三个支点比较健全,但三条通路却通常出现梗阻或者缺失的现象。例如,分配制度中的"新平均主义"伤害了科研骨干的积极性;行为规范中科研目标和科研行为之间的关联度不够,很多教师的研究成果和研究方向通常与高职院校的科研总体目标或者所在学科定位和特色不符,对高职院校的发展贡献度不够;信息交流的通路存在的问题则更加明显。科研绩效考核中重考核轻激励是大多数现行科研管理的弊端。在教师科研绩效考核中,高职院校过多地强调对教师采用行政方法、评价方法等行为控制的"硬"管理,然而对如何激励教师的内在科研动机的"软"管理则重视不够。同时,对本校有突出贡献的科研人才的激励缺乏有力度的措施,通常是以精神奖励为主,制定奖金福利待遇时仍然在同一个职称层次上以职称级别划分。无论教师科研水平、科研成果如何,只要一般性考核合格,均享受一样的待遇。还有,绩效考核和薪酬分配制度设置不科学,无法充分调动教师工作的积极性。在这种情况下,不完善的教师激励机制势必造成大量优秀人才的流失。

四、强化高职院校科研教师绩效考核激励效果的原则

高职院校教师科研绩效考核激励效果不仅受到制度本身设计的影响,更取决于制度实施过程中各参与主体的主动适应和调控性。既然是一种管理行为,就有一定的规律和原则可以遵循,把握这些基本原则,不仅能使激励过程由一种刻板、冰冷的、单纯的绩效考核转换为一种考核者与被考核者之间的融情感、制度于一体的互动式的积极愉快的正强化活动,也可以确保科研绩效考核真正成为教师激励活动的催化剂,激发教师积极心态,引导科研目标的实现。

(一)目标双赢的原则

教师科研绩效考核只有以高职院校和教师双赢为根本目标,才能最终实现激励效果。

第一,要有明确的高职院校教师科研发展战略目标,这是高职院校对教师的一种心理引力。所谓目标激励,就是通过确定适当的目标,诱发人的动机和行为,达到调动人的积极性的目的。目标作为一种诱因,具有引发、导向和激励作用。也就是说,高职院校管理者通过科学地制定高职院校的发展目标来激励教师为之奋斗。同时,也必须满足教师自我实现的需要。比如,高职院校在制定学校宏观战略发展规划时,要把学

校目标与教师个人发展尽可能有机地结合起来,以满足高职院校教师较高层次的需要,即帮助他们实现自我的人生追求。

第二,高职院校通过确立科学、合理并获得教师认可的发展目标,也满足了教师在自身科研能力和素质不断提高的基础上对物质奖酬和精神方面的需求。也就是说,高职院校科研绩效考核的目标设置不仅要结合学校的办学定位和实际科研条件,还要符合教师的科研实力和背景,切勿好高骛远或者简单易行,要具体清晰,有规范的程序和切实可行的目标描述。

第三,高职院校还要特别注重满足教师对学术权力的需要。大学是探求与传播高深知识的场所,其基本活动是学术活动。高职院校教师职业追求的本质在于知识创造与学术自由,"学术人"特征是高职院校教师区别于社会其他职业的显著标志,教师学术权力的存在与需要正是其根本属性的要求。保证和尊重教师群体的学术权力是尊重知识、尊重人才的必然要求。然而,目前高职院校管理中行政色彩浓厚,通常以行政管理模式代替学术管理,以教师形式上的参与代替教师决策,学术权力在行政决策中仅处于咨询与参谋的地位,学术管理行政化严重影响了教师激励机制的建立与运行。因此,高职院校要正视教师(教授)群体的学术权力需要,建立相对宽松的权力运行环境,推进学术权力与行政权力共同协商、共同处理学校事务,形成相互制衡的运行机制,这样才有利于教师激励机制的有效运行。

(二)以教师为本的原则

第一,要尊重教师的人性需求。具体而言,要将充分尊重、理解、关心教师的需求和调动教师的积极性放在首位。任何激励机制设计的目的不是束缚教师的手脚、禁锢教师的思想,而是承认并满足教师的人性需要,尊重并容纳教师的个性,重视并实现教师的价值,开发并利用教师的潜能,统一并引导教师的思想,把握并规范教师的行为,鼓励并奖赏教师的创造,营造并改善教师的环境。高职院校无论采用何种激励方式,都应将对教师需求的重视贯穿其中。

第二,要尊重教师科研劳动的特殊性和复杂性。教师科研劳动的特殊性主要表现在科研工作的创造性和复杂性上。高职院校教师科研劳动的创造性表现为科研工作本身具有创造性、不确定性、风险性、可变性等特点,教师需要根据不同的科研主题、项目要求和不同的研究对象,创造性地选择和实施不同的研究方式,以取得理想的科研效果。高职院校教师科研活动的复杂性首先是由其脑力劳动的复杂性决定的。

第二,是由科研劳动的对象决定的。教师从事的不是简单的重复性的劳动,主要是思维性活动,劳动过程通常是无形的,没有固定的流程和步骤。高职院校教师面对的是具有一定层次科学文化水平、具有一定独立思考能力和自主能动性的大学生,他们经历不同,生理、心理发展及个性特征都存在很大差异。这就造成了教师劳动对象的复杂性、多样性,要求教师要遵循高职院校学生成长的特殊规律去影响学生、教育学生。总之,教师的劳动过程不是物质变换过程,而是知识、技能和技巧、能力以及思想道德品质的转化和发展过程,这也造成了教师的科研劳动过程难以实施监督和控制。由于高职院校教师科研劳动内容的创造性和劳动过程的复杂性,其劳动成果难以度量。科研工作需要教师付出较长的努力,其科研成果通常需要经过很长的时间才能显现出效果来,而且科研成果的实效也难以成为直接测量的经济形态。另外,随着科技的发展,许多知识创新成果的形成并非一人之力,是团队协同合作、共同努力的成果。

第三,要尊重教师的学术和知识成果。高职院校教师普遍受教育程度高,渴望得到学校和社会的承认与尊敬,教师最大的满足莫过于毫无保留地把自己的知识、精力、才能奉献给社会,在教学科研上取得成功以及桃李满天下。因此,尊重教师就是尊重教师的学术和知识成果。这种尊重不仅是加速高职院校教师自信力爆发的催化剂,还有助于学校与教师之间的和谐,有助于教师团队精神和凝聚力的形成。例如,当教师向学校提出意见或建议时,学校领导要积极倾听,主动询问教师的各种需求,并尽量让教师广泛参与到与他们切身利益相关的决策过程中,充分体现学者的价值。另外,在知识经济社会中,知识在经济生活中的地位变得越来越重要,知识是资本的重要构成。高职院校教师作为高深学问和高新技术的拥有者,对他们的激励更应该体现知识的价值。重视对知识资本的激励,有利于教师潜心研究,激发教师的创新能力,增强高职院校的核心竞争力。所以,高职院校无论采用何种激励方式,都应当尽可能地满足教师的受尊重需求,把对教师的尊重贯穿于激励过程之中,充分体现对学者、对学术的尊重。

(三)公平与差异化原则

公平原则是激励的基本原则,也是激励作用得以保障的重要条件。美国心理学家和行为科学家亚当斯提出的公平理论也可以证明,公平在激励中具有重要作用。不论是对教师考核指标的确定和科研绩效的分配,还是对教师的科研绩效评估、奖励责罚,都要保证公平性,在制度制定和实施的过程中要保证其透明度。实际上,在高职院校教师激励机制建设中,教师的公平感不仅表现在工资、津贴等货币性收入方面,也体现在权力、荣誉、晋升、社会地位、住房等非货币性待遇方面。所以,在高职院校管理中,激励模式的设计必须力求公开、公平、公正,做到一视同仁,不凭领导意志、主观偏见、个人好恶判断一个人的科研工作表现、成果好坏,而是"凭业绩论英雄,靠能力得奖酬",建立一套科学公正的制度化、规范化的测评标准,充分激发教师的科研积极性。同时,积极对教师进行公平心理引导,使其树立正确的公平观,正确认识自己和他人,而不盲目攀比。也就是说,真正的公平是指不受财富、地位以及个人主观好恶的影响,应该本着实事求是的态度,只要高职院校教师付出了相应的努力和贡献,就应得到相应的激励。激励不公平不仅不会产生正强化效果,还会严重挫伤教师的积极性,甚至产生负效应。要使科研绩效考核激励产生好的效果,关键要使激励公平公正,只有做到制度制定透明、激励过程透明、激励结果透明,激励机制才有生命力,激励行为才有促动力,才能获得广大教师的信任,才能充分调动教师的积极性和创造性。

但是,没有绝对的公平,公平必须是在承认差异的基础上的公平。由于教师所从事的专业不同、学科不同,加之社会发展和外部条件变化对教师思想认识等的多样化影响,不同教师的思想、追求存在很大差异,这就要求灵活调整激励措施。具体而言,一是要注重教师个体存在的差异化。教师在年龄、性别、身心状况、个人需求等方面千差万别,即使是以上条件都相似的人,在激励过程中也会因内外环境适应能力高低而出现差异。二是要注重教师对激励诱导因素选择的广泛性。激励诱导因素多种多样,教师需要各具特色,教师在激励过程中具有广泛的选择性,为提高激励实效,教师根据自身需要有针对性地选择运用适合自己的激励诱导因素也是必要的。三是要注重激励环境的复杂多变性。教师个体的内外环境、高职院校内外的激励环境是经常变化的,随着环境的变化,教师的心理状态、行为动机都会自动做出相应的调整,适应不断变化的环境条件,争取掌握激励的主动权。所以,不可能提出一种人人适用的激励方案,必须依据教师个体的不同特点区别对待。高职院校管理者应努力掌握教师的不同需求和欲望,积极创造条件有针对性地满足他们的需求,从而达到全面激励的目的。如果不加区别,对所有教师都采取同一种激励手段,或者对同一个人反复使用同一种激励方法,都会影响激励效果。

(四)系统协同化的原则

系统科学认为,任何一个事物或系统的内部组成对其整体效能的发挥都有着决定性作用。只有通过内部组成的合理安排,才能把构成事物或系统的局部属性和功能变为事物或系统的整体属性和功能,实现整体大于部分之和。高职院校教师科研绩效考核激励系统内部构成的优化组合对于发挥激励功能具有极大的促进作用,对于高职院校教师的队伍建设、人才培养、文化传承有着特殊的意义,特别是教师的激励机制要根据教师本身的工作性质、教师的共性和个性特点、高职院校内外部环境所呈现的各种激励要素之间的关系等进行系统建设。同时,系统的正常运行离不开协同的作用,协同是指元素对元素的相干能力,表现了元素在整体发展运行过程中协调与合作的性质。导致事物间属性互相增强、向积极方向发展的相干性即为协同性。1971年,德国科学家哈肯提出了统一的系统协同学思想,认为自然界和人类社会的各种事物普遍存在有序、无序的现象,在一定的条件下,有序和无序之间会相互转化,无序就是混沌,有序就是协同,这是一个普遍规律。协同现象在宇宙间一切领域中都普遍存在,没有协同,人类就不能生存,生产就不能发展,社会就不能前进。在一个系统内,若各种子系统要素不能很好地协同,甚至互相拆台,这样的系统必然呈现无序状态,发挥不了整体性功能而终至瓦解。相反,若系统中各子系统要素能很好地配合、协同,多种力量就能集聚成一个总力量,形成大大超越原各自功能总和的新功能。根据协同导致有序的系统论原理,整体中的各个要素只有在与其整体相联系的情形下协调一致,才能起作用,也才能增强系统的总体功能。同时,整体的合力要超过各要素的和。

因此,高职院校教师绩效考核激励机制首先要确立系统的原则,具体把握好三点:一是要明确教师科研绩效考核激励系统内部构成成员之间的水平和技能,掌握各参与主体的群体性、交互性、分布性和协作性特征,以促使构成部分充分发挥角色效应,协同一致。只有促使激励系统内部结构元素之间形成良性协调、协作效应,才能推动激励系统顺利实施。二是要努力为教师营造良好的科研环境和科研条件。一方面,高职院校教师是文化与修养较高的知识群体,他们在创造科研绩效的同时还十分关注所处环境的变化,包括学校的政策制度环境、学术文化环境及自己周围的人际关系等。学校的政策制度环境在教师激励体系中起着导向性作用,如教师职务评聘、岗位绩效考核、教师评价作为教师管理制度中的核心要件,对教师的激励最直接、最有力。为此,高职院校应通过各种途径与方式,树立行政管理服务于科研管理的理念,为教师创造良好的学术文化环境、和谐的校园人际关系,使教师在实现自我价值和学校办学价值的同时,得到充分的尊重。另一方面,教师的科研需要必要的科研资金、科研场所、科研设备等相关条件的支持,高职院校也要尽其所能为教师提供基本的科研保障,从而确保科研活动的可行性和现实性。三是在具体设计科研绩效考核激励系统时,要充分考虑到教师激励的内容、方法和对象等要素的全面特点。高职院校教师激励的内容应全面,既要满足教师的物质激励需求,也要满足精神需求,二者有机结合,不可偏废。因为物质需要是人类的基本需要,满足人们的利益,维持着人们的生存,但是物质需要在达到一定程度以后,其激励作用将变得非常有限,一旦过度还会影响激励效果。这时就应转向精神需求,以满足精神需求为主、物质需求为辅。高职院校教师激励的对象应全面,要面向全体教师,使整个教师群体得到激励,如此才能使高职院校获得全面、快速、健康的发展。

(五)竞争与时效性原则

第一,教师科研绩效考核激励机制实际上就是一所高职院校的战略竞争工具。组织行为学原理说明,竞争不仅有利于提高组织的效率,而且有利于提高竞争者的素质和能力。它可以分为内部竞争和外部竞争,其中后者是竞争的主要方面。竞争性原则对内是指进行适当和必要的内部竞争,给予教师一定的压力,使教师保持学术上的创造力和活力;对外是指高职院校教师激励应考虑到如何留住人才、吸引外来人才,加强与其他高职院校的竞争,从而获得更多的资源和优势。从这一点来说,高职院校可以将竞争作为一种激励手段,但在发挥竞争的激励作用时,应主要考虑与外部高职院校的竞争。

第二,时效性原则主要体现在高职院校教师激励的内容和时间上要充分体现及时激励与持续激励、短期激励与长期激励相结合的原则,避免因耽搁而造成激励的时间延后。很多精神或物质的奖励若延迟兑现,就会造成激励效果大大降低。例如,当高职院校教师做出有利于学校发展的贡献时,要及时给予激励,该教师会继续努力工作,也给其他教师树立一个榜样;当教师的行为危害到学校的利益时,也应及时给予惩戒,给其他教师一个警示和提醒。也就是说,及时激励有利于巩固和矫正高职院校教师的行为,拖延激励会大大降低激励的效果。同时,教师的需要也是有阶段性的,在不同时期通常有压倒其他需要的主导因素,这种主导需要的需求是教师科研行为的当前驱动力量,引发教师的科研动机,影响教师的科研行为。比如,助教的主导需求是薪酬提高和职称晋升,而教授的主导需求则是决策权力和自我实现的精神满足。因此,了解和掌握教师不同时间的需求层次和需要结构的变化,有针对性地采取差别化的激励方式,实行物质激励与精神激励、正激励与负激励相结合,才能达到激励的良好效果。除了及时激励之外,激励时效性还体现在考虑到中期和长期激励。中期激励指教师经过一年或者几年工作获得的激励，可以给教师提供调整的机会，为教师提供动力和支持，激励教师沿着预定的方向发展。长期激励指教师经过不同阶段的努力最后获得的激励，可以使教师树立长远目标，保持正确方向，有利于教师职业生涯的发展。及时性激励、中期激励与长期性激励三者密切相关，及时性激励就像长跑过程中对长跑者每前进一步进行的鼓励，中期激励就像完成长跑每阶段目标获得的奖励，而长期性激励就像跑完整个比赛获得的奖励。

五、强化高职院校教师科研绩效考核激励效果的对策

（一）以人为本，回归高职教育的理性

1.尊重教师需求，明确激励目标

人本管理的核心理念是围绕人性的完善和需求的满足来开展各项管理活动，这恰好契合了高职院校的理性回归。高职院校是具有鲜明人文气质、科学精神的知识密集型社会组织，它以文化、知识的创造和传承为己任，以培养和完善人的科学主义和人文主义为核心。实施绩效考核过程中必须强调以人为本的管理思想，围绕教师的全面发展和人性的完善来管理高职院校，力求通过激发教师的创造性思维和提升科学素养还原大学教育的本质。同时，高职院校教师科研绩效考核激励是关于激发教师科研生产力、创新力的政策和措施，它的制定和实施必然应以教师为出发点、落脚点。这就要求高职院校管理者能够从高职院校教师的需求出发，科学设置学校发展目标，定期讨论学校现有制度的适切性，不断优化高职院校教师科研管理制度。发展教师自我激励，为教师成长提供有力支持和帮助，把教师从带有强制性、干预式的制度中解脱出来，从而真正做到尊重教师、理解教师、关心教师，充分激发教师的积极性、主动性，让教师在科研工作中取得进步。唯有如此，才能促进高职院校与教师的协同发展。

实施人本管理的关键在于要将绩效考核目标和高职院校发展目标有机结合起来。一方面，绩效考核作为一项管理活动必然要有一个明确有效的绩效目标，围绕这一目标才可能开展绩效计划、评价、反馈与应用；

另一方面,高职院校作为以学术研究和人才培养为主要目标的社会组织,由于学术研究成果和人才培养成果的滞后性、不确定性、隐藏性、智力性等特点导致其发展目标难以预期和控制,特别是无法准确地衡量和量化。若要实现两者的有机结合,就需重新确认高职院校目标的实现主体和实现逻辑,从而最大限度地降低高职院校目标的模糊性,为科研绩效考核工作奠定基础。而高职院校发展的基础依靠广大教师主体的发展水平,每个教师的个人发展方向和目标却是非常清晰和可衡量的。因此,在具体操作中,高职院校管理者要建立一种自下而上的绩效目标生成沟通机制,将教师个人发展方向和目标作为学校发展目标的归集前提,充分尊重教师的合理需求,结合学校现有条件和资源形成切合实际可考核的绩效目标。具体注意两点:一是要将学校的总体目标转化成具有激励性的教师个人目标。要让教师参与目标制定,使学校的工作目标与教师个人的发展目标融合在一起,使教师充分认识到学校目标的实现与个人的事业、追求、前途息息相关。二是学校总目标设置要明确、具体,有阶段、有层次,并将学校总目标分解落实到不同组织、部门和教师身上,使目标和责任联系起来。

2.鼓励教师参与管理,减少负激励

高职院校管理者在制定和修订各项科研绩效考核制度时,要鼓励教师参与,积极减少负激励因素的影响。负激励因素即不合理的因素,忽视其影响会造成"补偿性反馈"。也就是说,当绩效考核制度存在缺陷或者不足时,不仅难以发挥其积极作用,甚至在一定条件下比没有制度产生的不良效果更严重。因此,学校管理者要鼓励教师参与。一个合理的科研绩效考核激励制度要想获得教师的高度认同就必然需要教师参与其中,只有教师充分参与到高职院校各项管理制度的制定及其进程之中,才能从中体验信任的力量,感受责任的分量,进而产生强烈的组织认同感和责任感,将自己的命运和高职院校的发展密切联系起来。同时,管理者要摆正位置,把自己看作教师中的一部分,从被动听取转变为主动听取,变管理为服务,自觉接受教师的意见,不怕教师挑刺儿。管理者应尽可能地扩大听取面,听取来自不同层面、不同教师的意见和反映,而不是仅仅听取少数特定教师、先进教师的意见,求同存异,保证教师对激励政策的认同。管理者可通过各种方式听取教师的意见,以使激励方案达到集思广益、博采众长的效果,形成良好的氛围。经常、及时、耐心地了解教师的意见和建议,可以及时捕捉到教师最关心的事情和反映最强烈的问题。无论意见采纳与否都要对教师表示感谢,并对未被采纳的意见给予合理的解释。一旦教师的意见被采纳,他们在具体执行中会把遵守政策作为自己的责任,发挥带头和模范作用。

3. 尊重学术性权力,去行政化

高职院校教师绩效考核应充分尊重学术性权力的核心地位,努力淡化行政权力的过度干预。具体包括以下几个方面:一是将高职院校主管部门的角色由"代理人"转变为"服务者"。目前,我国高职院校各级主管部门的实际角色是代表政府管理高职院校的"代理人",也是高职院校真正的当家人。这种鲜明的行政化教育管理机制在某种程度上约束了高职院校自身的发展,更为高职院校内部过度行政化提供了仿效和对应机制。因此,为配合高职院校去行政化的需求,各级政府主管部门应将现有"当家人"式的监控管理转变为以落实各项高等教育法律法规和政策,扶持高职院校发展为重点的服务式管理。二是就高职院校内部而言,完善以教师为主体的学术委员会治理结构。一方面,学术委员会的成员应去行政化,即学术机构的成员要确保身份的单一性,应尽量由工作在科研和教学一线的专家教授组成,而非身兼数职的"双肩挑",以确保学术委员会成员的意志不受行政领导的干预和控制;另一方面,学术委员会应该在教学管理、科学研究等学术活动中具备最高决策权,特别是在教师绩效考核评定和岗位定级、职称聘任、科研教学项目的设定和评审、学术奖项的设定和评选等方面发挥决策性作用。三是转变高职院校内部行政管理部门的工作理念和工作方式。行政管理人员不仅要树立起行政权力服从于学术权力的观念,还要充分尊重和遵循学术研究的价值和规律,变传统的审批、监督式管理方式为保障式服务方式。四是充分发挥职工代表大会的作用,保障广大教师参政议政的权利。凡是涉及教师切身利益的重大问题,如绩效考核标准、考核方法、考核结果运用等重大问题,均要通过职工代表大会讨论通过。

4.实现本土化管理,防止企业泛化

现代人力资本理论强调,人力资本具有主动性资产的本质属性。高职院校教师作为一种具有高级学历和知识素养的学术型人力资本,其自主控制性能力更强,在绩效考核过程中表现为自我管理、自我考核的主动性和参与性。因此,高职院校绩效考核不能完全照搬企业模式,要根据高职院校自身属性和发展规律实现本土化管理。具体措施:一是设计高职院校绩效评价的双重指标。若按照企业核算经济效益的成本分析办法来衡量高职院校的投入与产出绩效,势必要对高职院校的教育成本进行核定和归集。事实上,高职院校的教育成本很难明确计量,如人员支出、公用支出、固定资产折旧、科研经费应该如何计入成本?既然难以确定教育成本,则无法保证绩效评价的准确性。教师考核指标设计除了必要的结果性量化指标外,更应该增加过程中形成性评价指标。二是充分尊重科研和教学成果的形成规律,对教师考核遵循柔性化管理原则。具体包括聘期考核和岗位考核相结合、短期激励与长期激励相结合的考核激励机制。其中,短期激励重点建立过程性评价与绩效工资的对应关系,长期激励则主要将科研业绩与教师发展联系起来;考核结果运用采取激励为主的奖励方式;考核方式则采取民主参与与自我考核评价相结合的绩效评价方式。

(二)以项目为中心,构建全过程科研控制系统

针对科研项目绩效考核的难点及其原因,构建全过程内部控制系统是解决问题的根本措施。所谓全过程内部控制系统,是指基于全面质量控制原理,以事先制定的计划和标准为依据,通过对项目实施的所有环节进行全过程跟踪和检查,以期发现项目实际活动与计划和标准之间的偏离问题,并及时予以项目调整、分析、建议与咨询,通过提出切实可行的改进措施,以确保项目预期目标实现的一系列管理活动过程。全过程内部控制系统体现了三个层面的要求:一是系统遵循全员参与、全过程控制、全方位覆盖的全面质量管理原则,将项目质量管理视为绩效考核终极目标。二是内部控制内容主要由项目经费控制、项目进度控制、项

目质量控制三个部分构成。三是从控制发生的时间顺序看,全过程控制分为事前控制、事中控制和事后控制三个阶段。在构建全过程内部控制系统时,则要求抓住事前、事中、事后三个环节的衔接和递进,将三个层面的内容有机融合在一起。

1.做好项目的事前控制

项目事前控制是指在项目正式开始之前进行的管理活动。该阶段主要涉及项目指南论证与制定、项目论证设计与申报、课题评审与立项三个环节。参与的主体主要有政府部门、评审专家、高职院校,管理目标则是通过对科研项目最终产出的确定和对项目资源投入的预先控制来防止科研项目资源在质和量上产生偏差。为此,事前控制的绩效指标主要有项目开出的有效率和项目立项率。前者主要考核政府投入部门确立的项目指南和对项目申报材料的论证评审是否有效,后者主要是通过科研立项的数量和层级来考核高职院校科研管理工作的有效性。为达此目的,要做好三个方面工作:一是政府部门要做好项目指南的论证工作,确保项目的选择反映学科和社会发展最前沿和最急需的问题;加强政府不同职能部门间的信息共享和有效沟通,搭建政府层面的项目资源和专家资源信息库,尽量避免项目的重复设立和资源的浪费;建立基于人力资源胜任素质模型的项目评审专家选拔和评价系统,将项目评审结果与项目后期运用结果有机地对接,以最适合的项目评审专家评选出最正确的科研项目。二是高职院校科研管理部门要把好项目申报质量关。开展申报工作的选题辅导,选题范围和要求要结合申报者优势特长和前期成果,选择符合地方经济发展状况的热点话题;系统掌握各类项目申报书的填写规范并及时辅导教师填写,防止因填写不规范造成项目落选;开展重点项目的预研究和选题指导工作,以先期成果为依托奠定申报基础;有效整合资源,集中力量,有重点、分层次、有计划地引导项目的申报与本校科研优势和特色学科领域相结合;建立以学科带头人为核心的科研团队建设机制,通过发挥带头人的引领作用持续提升科研项目质量。三是高职院校科研管理部门要做好项目的立项管理工作。可以通过开展多种形式、多层次的学术交流会、学术研讨会交流科研信息,共享科研

资源,增强科研管理部门和科研人员的了解和信任;制定科研项目奖励
与培育机制,如科研奖励制度、青年教师科研基金专项、人才梯队建设办
法、高学历科研人员补贴、校内科研的培育选拔办法等;完善科研项目合
同管理,通过签订项目合同来约定项目的研究内容、研究进度、阶段性研
究成果、成果水平及表达形式等核心内容,以便为项目后期的绩效考核
提供明确的考核标准。

2.做好项目的事中控制

项目事中控制是指在科研项目实施过程中进行的管理活动。该阶段
具体工作有:一是建立多部门协同共管的管理机构。例如,可以成立由
校级领导主管,由财务、科研、教学、人事、审计、各学院等相关部门组成
的财政专项经费管理机构。该机构不仅主管整个项目的预算申报、项目
评审、项目实施和实施效果的考核,还负责优化科研经费的分配方式和
渠道,重构科研人员经费开支范围,开发使用科研经费预算控制模板系
统,并配套出台加强科研经费支出相关管理文件,以实现对科研经费的
科学管理。二是健全科研项目的中期检查制度。通过制度设计明确各
主管部门的职责,做好检查分工与协作,针对疑难问题要组织会商解决;
明确项目检查工作要以项目合同书为依据,采用定期和不定期的方式,
重点检查项目进展与项目质量两项指标;通过严格执行有关项目进展的
奖惩制度,调动科研人员的积极性,避免项目延期。三是依据项目的层
次、跨学科领域、合作方的多少等要素对项目实行分类管理。分类的目
的是按照项目的重要程度和紧迫程度将项目分开,这样便于在管理层面
上找寻侧重点。重点项目一般是资金规模大、项目级别较高、涉及的学
科领域较广、合作参与方较多的大型项目,因此需要科研管理部门重点
关注,同时需要组织分配、协调好各方的工作。而对于非重点项目而言,
按照项目合同来进行规范的过程管理则更为重要。四是做好项目实施
过程中各参与主体的培训工作。例如,要加大对科研人员的教育和宣传
工作,帮助克服"重申报、轻执行"的思想观念;开设针对项目负责人的科
研经费管理制度规定、科研管理人员的科研经费管理预决算知识和技
能、财务管理和审计人员的科研项目管理能力等培训课程;五是建立项

目管理和财务管理对接的科研管理信息系统（MIS），实现信息资源共享。信息搜集是做好MIS的基础，信息主要通过专题汇报会、提交纸质报告、项目佐证材料和实物验收、实地考察等形式搜集，这些信息为科研管理部门及时了解项目的研究进度、阶段性成果、面临的困难等提供充分的判断依据。因此，要搜集、整理、保管好各类信息，同时要有专人进行分析给出相应的检查结论。全面运用MIS不仅能够正确和迅速地将项目的信息管理与项目的实施过程有效组合，从而为科研管理的决策与分析提供技术支持，而且能帮助财务管理人员及时掌握科研项目的进展情况、发现项目预算编制与批复经费不一致的现象，实现和科研人员的有效沟通，从而有效解决财务人员管理科研项目能力不足的问题。

3. 做好项目事后监控

事后监控是指针对项目研发过程结束产生的项目成果开展的项目结项评审、项目成果应用及评价环节的管理活动。项目结项评审环节一般包括结题申请、项目成果鉴定两个阶段。项目成果应用及评价环节则主要是针对成果转化工作开展的。其中，项目结项评审阶段决定项目研究是否达到项目合同书的预期目标，是否能够予以结题；而项目成果应用及评价阶段则是考核科研项目的社会价值和经济价值，即科研成果转化率高低的问题。事后监控具体要做好五个方面工作：一是设计科学合理的科研项目验收指标体系。应综合考虑科研前期基础、科研项目实施投入过程、科研项目成果等指标，注重科研成果转化，避免因结果型科研成果量化考评带来的以偏概全现象。具体操作时还要充分考虑到不同层次学校、不同学科、不同类型研发人员之间的差异性，充分尊重科学研究规律。具体可将绩效考核指标调整为以科研基础、科研投入、科研产出三个方面指标为主体的过程型指标体系。其中，科研基础反映的是高职院校教师情况、学科情况、科研平台设施等软硬件条件；科研投入反映的是科研项目数目以及科研经费的投入情况；科研产出则具体包括前文提到的专著数量、学术论文和鉴定成果数量、技术转让当年实际收入和成果获奖等各项指标。二是要制定并严格执行科研项目验收制度。例如，对于以正式出版的著作、发表的论文等公开发表成果作为最终研究成果的,应该重点考核成果内容与项目计划内容的关联度,项目负责人承担实际研究任务的多少,项目成果形式的规范程度、真实性、原创性、学术性以及项目成果的实践意义和理论价值;对于以鉴定成果、研究报告等作为最终研究成果的,需要在专家选择、专家鉴定评审验收等环节严格遵循公平、公正、公开透明的原则,按照项目合同约定标准验收。三是,做好科研项目的结项后期档案管理。由于项目后期档案是整个科研项目成果结晶的保存,档案的形式有文档、声像载体、实物、各类作品等,档案内容涉及很多专业技术方面的研究成果,档案保管的要求具有一定的保密性和实效性,因此需要具备科研档案管理知识背景的专人定期分类整理。四是做好结题后期管理与总结工作。要对顺利结题的项目进行经验总结和推广,并在现有研究成果基础上发掘和培育新的研究课题;要重点对延期结题、终止研究的项目进行及时处理并诊断原因、总结教训,避免同样的问题重复发生。五是转变观念,健全科研成果转化激励机制。例如,在高职院校教师绩效考核评价和职称评定制度中,可将科技成果转化和产业化等指标作为评价的重要依据;试行"创新应用型"岗位人才培养模式,该岗位支持教师从事应用技术研发和科技成果转化,鼓励教师将项目研发成果以应用为导向再研发,催化一批关键技术,以培养一批"创新应用型"人才为主要目的。

(三)强化参与主体培训,提高激励的科学性

要有效地对高职院校教师进行科研绩效考核激励,就要为他们提供一个有利于科研发展与提高、能够吸引其为之奋斗的事业平台和成长空间,即高职院校管理者要设置一定的帮助机制、督促机制来促进教师的科研发展,实施可持续发展的教师科研管理与职业生涯规划,积极创造条件对教师进行在职培训、自学进修,如脱产轮训以及出国深造等,要把教师的使用和培养有机结合起来,努力为其提供培训、进修、学习的机会,支持他们不断进取、不断学习、不断创造更多更好的科研成果。因为教师培训既是不断提高高职院校整体竞争力的要求,又是不断提升教师专业知识和科研能力的要求。高职院校教师职业的特殊性也决定了其具有强烈的求知欲和进取心,特别是在知识经济时代,他们更加渴望通

过进修和培训来完善知识结构、提高科研能力、增强科学素质。教师的科研能力的发展是一个教师的成长过程,也是一种具体的实践过程,这一发展过程的实现不但要求教师自身主动学习和不懈努力,更需要创设良好的外部环境和条件来帮助与督促他们。因此,高职院校管理者必须有计划、有组织地对教师进行培训,创建一套适应高职院校当前和未来发展需要的、与高职院校战略相符合的、以高职院校教师能力培养和潜能开发为中心的培训体系。同时,培训要着眼于人力资源的开发和教师的职业发展,关注的是在现实的职业发展领域,作为教师如何随着外界环境的变化和高职院校发展变革的需要调整自己,以适应这种变化。

具体操作时注意以下四点:一是要制订科学合理的教师培训计划。要让教师培训达到实际效果,高职院校管理者就要进行全面的规划和部署,与高职院校的科研发展总体战略相一致。根据高职院校自身的科研发展战略总体目标分解设计每个教师的科研目标。完成这些目标就需要教师在未来具备一定的专业能力、素质和情感态度价值观等。包括短期内需要具备的科研条件和长期需要具备的科研条件。这样就建立起一个系统明确的培训知识体系。二是明确教师培训的内容。教师培训内容是教师培训的重要环节,应具有针对性、灵活性、激励性。由于不同教师的素质能力、学历学科背景、科研能力和研究领域等状况不同,在培训内容的层次、水平、等级等方面必然会存在明显的差异性。因此,高职院校管理者应针对不同教师的情况结合高职院校的科研目标进行综合分析,并让教师参与制定培训内容,以便设计出更具有针对性与层次性、可操作性强、实效性强的培训内容,使不同层次教师的科研素质都得到提升,避免培训经费和教师时间的浪费。三是采用多样灵活的培训方式。培训可以根据不同教师的工作性质和时间状况选择尽可能多的灵活形式,分批次进行培训来满足教师的需求,达到客观要求和主观需求的统一。

（四）完善配套措施,建立长效激励机制

1.建立与绩效考核相对应的奖酬制度

根据公平理论的观点,高职院校中的教师参与并认可科研绩效考核的重要原因是考核的结果能够换取相对合理的奖酬资源,即获得所谓的心理公平感。因此,高职院校要想获取科研绩效考核激励效应,就必须建立与之配套的奖酬制度。

具体措施有:一是做好薪酬调查,确保教师薪酬与外部薪酬的公平性。高职院校在对教师进行薪酬激励时,不仅要立足于学校本身,还要考虑社会心理的影响作用,同时要充分考虑教师群体内部和外部相关人员的情况,使激励与社会相比、与校内非教师相比尽量公平、公正,对所有教师一视同仁。如果一个学校教师的薪酬水平始终高于外部平均水平,将会对教师产生激励作用,使教师以加倍的热情和努力投入工作中,这一点从公平理论中也可以得到恰当的解释。因此,学校应该对同地域同行业的薪酬水平保持敏感性,积极通过各种手段获得相关信息,以确保高职院校教师的薪酬水平在相关行业中保持较高的吸引力,防止优秀人才流失。具体薪酬调查的信息应该包括国家的相关法规政策、同类高职院校的薪酬水平、同一地区的薪酬状况等。通过调查,高职院校就能合理地确定教师薪酬总体水平,即在高职院校财力允许的情况下,制定的教师薪酬水平应遵守国家的相关法律和法规,至少不低于国民收入的平均水平,并在此基础上考虑本地区和整个教师行业的特点与惯例以及当地的物价和生活水平。二是设计出一套与教师的科研贡献、科研业绩、科研能力基本对等的科研绩效工资制度,使教师的科研劳动得到有效激励,这样才能充分调动广大教师的科研积极性和潜力,保证薪酬分配的公平性。比如,可以适当放大绩效工资所占比例,按照激励理论的基本原理,绩效工资的比例如果大于基本工资的比例,则激励作用将有效增加。当然也要考虑到各个高职院校的实际情况和高职院校的组织属性,可以在逐步提高绩效工资比例的同时,增加其他奖励形式,如科研考核年度奖、聘期考核奖金、科研成果奖励、科研项目配套基金等。还要注重调节好不同职务和职称教师间的薪酬差距,即设计好薪酬结构。设计薪酬结构的基础建立在教师贡献的大小上,要真正体现出按劳按贡献分配,这样才能增强教师薪酬的激励性。三是在贯彻按劳分配原则的同时,高职院校还必须确立劳动、资本、技术、知识、成果等要素按贡献参与分配的原则。目前,很多学校开始探索对高职院校教师的创造性劳动合理支付报酬、促进教师劳动创造的新方式。

2.完善相应的教师选拔、晋升、评聘制度

第一,高职院校在招聘教师时要尽量避免任人唯亲、暗箱操作,只有严格按照按岗位需求来聘任并确保公开竞聘,才能保证在日后的科研绩效考核激励中所招聘的教师能够胜任科研任务要求。所谓的按岗聘任就是要求聘任工作必须根据实际岗位的需要,将具备相应教师职务任职资格的优秀教师聘任上岗。具体操作时,一要考虑"人"的因素,即考察教师的实际水平和能力。

第二,考虑"事"的因素,即考察实际教学和科研岗位的需要,使"人"和"事"有机结合,做到人事相宜、人岗匹配。公开竞聘就是要求高职院校将包含明确岗位职责和任职条件的招聘信息向社会公布,目的是尽可能地吸引到优秀人才,同时也有利于高职院校间、高职院校与社会之间不同学术流派、学术思想和不同学风的交流,从而活跃学术思想,促进高职院校科研工作的发展。

第三,建立教师职业生涯管理制度。职业生涯管理可以帮助教师建立其自我发展、自我成长的清晰路径,具有很强的自我激励作用。具体而言,高职院校可设立专门的机构或者专家对教师提供职业生涯规划的专业咨询,专家会根据教师的专业特点、个性特点、研究领域等为其进行职业生涯规划,帮助教师明确职业发展的总目标和阶段目标,帮助教师进行自我定位和自我设计。同时,通过制定相应的职业生涯开发与管理政策,为教师实现职业目标创造条件、提供支持,在帮助教师落实职业生涯规划目标的同时,使之与高职院校的目标相结合。

第四,高职院校要建立一种教师晋升和职称评聘制度与绩效考核结果间的长效互动机制。能够建立一种与教师岗位、绩效紧密挂钩的灵活的分配制度是决定科研绩效考核激励效果的关键。现行的以岗位业绩为主的津贴制度在调动教师积极性的同时,也助长了科研工作的浮躁风气,不利于团队合作。近年来,高职院校科研成果很多,但重大的、具有原创性的成果却很少,其中一个很重要的原因就是教师科研考核上的短期行为,使教师无法开展中长期的重大研究项目。因此,探讨一种适用于教师科研活动规律的晋升和职称评聘制度,如对于大部分高职院校,可以实行岗位任期聘任制来确保教师全身心投入科研和教学工作中,而不是投机取巧,将有利于产生一批对国民经济和社会发展具有重大意义的创新性科研成果。

3.完善教师民主参与学校管理的制度

民主参与制度是提高教师科研绩效考核激励效果的重要制度保障。一方面,民主参与制度可以从制度和组织层面确保教师的诉求得到合理的保障;另一方面,民主参与制度满足了教师参与管理的精神需求,教师通过参与学校管理可以产生成就感、责任感、被认可和接纳的感觉,释放教师的潜能。具体可以从三个方面操作:一是高职院校要建立和完善教师协商制度,要利用固有的组织渠道和非正式渠道进行定期沟通协商,如可以利用共产党组织、民主党派组织、教职工代表大会、教授委员会、学术委员会等加强与各个方面、各个层次的教师的沟通与协商;协商的内容要紧密围绕事关高职院校发展和教师利益的重大决策、发展规划、改革方案、职工福利、工资奖金分配、干部任免录用、住房分配等主题,高职院校管理者对这些重大问题要广泛认真听取教师的意见,对于合理的意见和建议应及时采纳,不采用意见的应说明理由和原因。二是发挥好教职工代表大会制度的作用。要选拔合格的教职工代表,通过合规合法、公平公正、公开民主的程序选举教师代表,避免任人唯亲和领导意志,真正选举出关心高职院校和教师发展、办事公正客观、有较强的责任感并在广大教职工中具有一定威信的代表。既要选出合格的代表,更要提高代表参与高职院校管理的能力,从而增强教师代表大会的作用。要采取多种形式和手段对教职工代表进行培训,增强其责任意识,更好地履行教职工代表的职责,提高对学校的管理能力,更好地维护高职院校和教师的利益。并且不断创新广大教职工参与学校民主管理的方式,使更多的教职工具有发言权。三是建立和完善校务公开制度。校务公开是高职院校民主管理的重要基石,这几年高职院校在校务公开方面做了不少工作,但是深度不够、系统化不够。校务公开应体现系统性原则,进而强调重点性原则。前者是指从信息的公开发布到办事程序的公开透明,从意见的及时反馈到管理中的公正执行,高职院校对校务公开的范畴要有一个系统化的考量;后者则强调了教师最关心的热点、难点问题,是校务公开的重点,以公开促进公正,用公开强化监督,让一切都置于阳光之下,尽量减少暗箱操作的成分,创造一个公平、公正、公开的良好的激励环境。

参考文献

一、专著

[1]胡涵锦.高校思想政治理论课教师队伍建设与发展[M].上海:上海交通大学出版社,2013:31-35.

[2]蒋广庭.高职院校 定位研究[M].长沙:湖南教育出版社,2011:31-35.

[3]马莉.高职院校执行力研究[M].成都:西南交通大学出版社,2017:51-54.

[4]孙英梅,栗红侠,侯英杰.高校实践育人与创新人才培养[M].沈阳:东北大学出版社,2016:55-57.

[5]谭雪梅.赢在共融 高职院校校企合作案例研究[M].武汉:湖北科学技术出版社,2017:36-41.

[6]许华春.民办高职院校管理新论[M].杭州:浙江大学出版社,2011:115-118.

[7]曾学龙.民办高职院校思政课协同育人教学模式创新的实践[M].广州:广东高等教育出版社,2018:98-111.

二、期刊

[1]陈世华.高职院校专利成果转化困境及应对策略研究[J].南通航运职业技术学院学报,2017,16(4):93-95.

[2]陈志菲.基于实证调查的高职院校科研育人现状及成因分析——以广东为例[J].湖北开放职业学院学报,2020,33(4):47-49.

[3]韩慧仙.高职院校科研育人实施路径的探索与研究[J].辽宁高职学报,2020,22(11):97-100.

[4]胡海林,尚云峰.地方高职院校创新型科研团队建设的困境及对策[J].岳阳职业技术学院学报,2017,32(6):44-47.

[5]林华.高职院校科研项目档案管理的现状及对策[J].山东档案,2011(1):29-30.

[6]沈晓婷.浅析高职院校职业导师队伍建设——以苏州健雄职业技术学院为例[J].经贸实践,2015(14):228.

[7]覃曼丽,余金凤,陆尚平.高职院校科研创新服务平台建设研究[J].广西教育

（高等教育），2019（11）：53-55.

[8]王秀清.高职院校科研团队建设中存在的问题与对策[J].职业时空,2011,7（2）：9-10.

[9]徐宝晨.高职院校提升特色科研服务的思考[J].新教育时代电子杂志（教师版），2014（27）：44,131.

[10]喻念念.高职院校科研工作服务地方经济社会发展策略[J].现代商业,2017（17）：186-187.

[11]张亚光,曾丹旦."三全育人"视域下高校科研育人探究[J].学校党建与思想教育,2021（1）：91-93.

[12]张志坚,章尚贞.略论高职院校"导师型"班主任队伍建设[J].金华职业技术学院学报,2012（5）：4-7.

三、学位论文

[1]李娇.高职院校科研业务管理系统设计与实现[D].长沙：湖南大学,2017：16-21.

[2]罗洁.基于激励需求的医学类高职院校的激励机制问题与对策研究——以江西医学院（上饶分院）为例[D].南宁：广西大学,2012：13-16.

[3]潘婧璇.高职院校"双师型"教师专业发展策略研究[D].桂林：广西师范大学,2018：17-23.

[4]张献民.高职院校教师科研激励问题研究——以M职业学院为例[D].蚌埠：安徽财经大学,2015：21-26.